中国公共经济与政策研究

中国个人所得税再分配效应及其改善途径研究

ZHONGGUO GEREN SUODESHUI ZAIFENPEI XIAOYING
JIQI GAISHAN TUJING YANJIU

杜 莉◎著

北京师范大学出版集团
BEIJING NORMAL UNIVERSITY PUBLISHING GROUP
安徽大学出版社

图书在版编目(CIP)数据

中国个人所得税再分配效应及其改善途径研究/杜莉著.—合肥:安徽大学出版社,2017.12

(中国公共经济与政策研究)

ISBN 978-7-5664-1530-1

Ⅰ.①中… Ⅱ.①杜… Ⅲ.①个人所得税—研究—中国 Ⅳ.①F812.424

中国版本图书馆 CIP 数据核字(2017)第 329781 号

中国个人所得税再分配效应及其改善途径研究 杜莉 著

出版发行: 北京师范大学出版集团
安 徽 大 学 出 版 社
(安徽省合肥市肥西路 3 号 邮编 230039)
www.bnupg.com.cn
www.ahupress.com.cn

印　　刷: 合肥华星印务有限责任公司
经　　销: 全国新华书店
开　　本: 170mm×240mm
印　　张: 12.75
字　　数: 186 千字
版　　次: 2017 年 12 月第 1 版
印　　次: 2017 年 12 月第 1 次印刷
定　　价: 42.00 元
ISBN 978-7-5664-1530-1

策划编辑: 李　君　　**装帧设计:** 李　军
责任编辑: 李　君　　**美术编辑:** 李　军
责任印制: 陈　如

目　录

导论

因直接针对个人收入课税，“税感”直接而强烈，个人所得税的征收及其改革备受社会公众的关注。然而，我国虽然在“十五”规划时便确立了“建立综合与分类相结合的个人所得税制度”的改革目标，并在之后的“十一五”、“十二五”和“十三五”规划中都加以重申，迄今为止，“综合与分类相结合的个人所得税制度”改革仍然举步维艰。之所以造成这种状况，其中一个比较重要的原因在于，我国将个人所得税作为贯彻收入分配政策的重要工具，但对于如何有效发挥个人所得税的再分配功能，却一直没有找到有效的途径。本书的写作希望对解决这一问题有所裨益。作为导论，本章将提出我国改革开放以来居民收入差距扩大的问题，简述完善个人所得税制对于缩小我国居民收入差距的意义，对现有的相关研究成果进行简要回顾，并提出本书的写作目标及思路。

一、我国改革开放以来居民收入差距的扩大

(一)我国改革开放以来经济总量的高速增长

改革开放以来，我国经济总量持续高速增长。据国际货币基金组织统计，全世界、发达经济体以及新兴和发展中经济体 1980 年至 2016 年间国内生产总值(Gross Domestic Product，简称 GDP)增长率的平均水平分别为 3.30%、2.37%和 4.69%，而同期我国 GDP 增长率的平均水平达到 9.63%

(参见图1)。同时,根据世界银行发布的数据[①],1980年我国的人均GDP为194.8美元(当年价格),仅位列全球第184位,而2016年我国的人均GDP达到8123.2美元(当年价格),已经提升至全球第84位,跻身于上中等收入国家的行列。

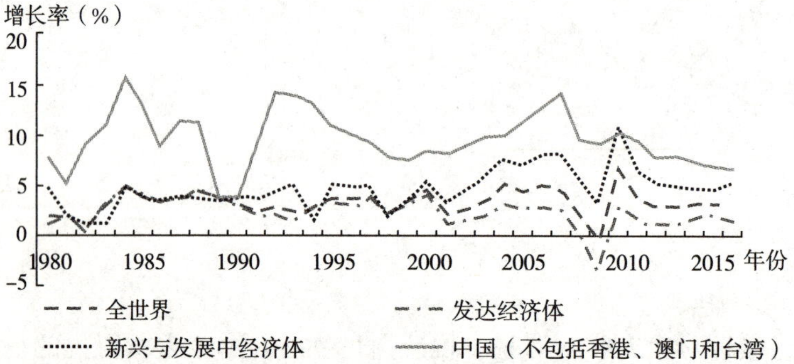

图1 中国与世界其他国家的实际GDP增长率(1980—2016)

数据来源:IMF国际金融统计(网址:http://data.imf.org/regular.aspx? key=60998124,数据获取时间2017年6月26日),其中中国2013年后数据来源于国家统计局(同花顺数据库)。

(二)我国改革开放以来基尼系数的扩大

然而,伴随着经济的高速增长,我国的居民收入差距也显著扩大了。基尼系数是国际上广泛应用的反映居民收入的差异程度的指标[②]。通常认为基尼系数在0.2以下,表示居民之间收入分配"高度平均",0.2~0.3之间为"比较平均",0.3~0.4之间为"比较合理",0.4~0.6为"差距偏大",0.6以上为"高度不平均",因此0.4成为收入分配由"比较合理"转向"差距偏大"的"警戒线"。图2给出了世界银行基于不同微观数据来源对我国1950年至2007年基尼系数的测算结果。从中可以看出,基于大部分数据来源测算的结果显示我国居民收入分配在上世纪80年代中期以后明显上升,迅速从"比较平均"转变为"差距偏大"。

① 网址:http://data.worldbank.org/indicator/NY.GDP.PCAP.CD? view=chart,数据获取时间2017年7月5日。

② 对于基尼系数计算方法的详细介绍参见本书第三章。

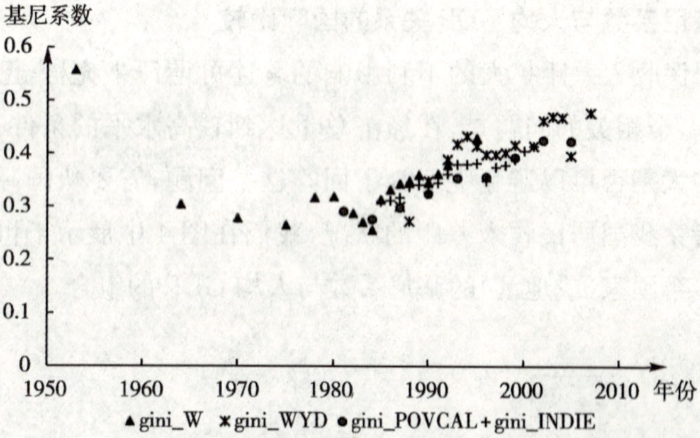

图 2　中国基尼系数的变化情况(1950—2007,世界银行统计)

数据来源:世界银行 All the Ginis 数据库,网址 http://www.worldbank.org/en/research/brief/all-the-ginis,数据获取时间 2017 年 7 月 8 日。其中指标 gini_W 的数据来源为世界发展研究所(*World Institute for Development Research*),gini_WYD 的数据来源为世界银行的世界收入分配数据库(*World Income Distribution*),gini_POVCAL 的数据来源为世界银行的另一个数据来源 POVCAL,gini_INDIE 的数据来源为 Wu 和 Perloff(2005)。

2013 年起,我国国家统计局也开始发布全国居民收入基尼系数的测算结果,且时间上溯到 2003 年,如图 3 所示,国家统计局的测算结果与世界银行的测算结果比较接近,同样反映出我国居民收入分配"差距偏大"。从发展趋势上看,最近几年的基尼系数已经从 2008 年的最高点有所回落,但仍然处于偏高的水平。

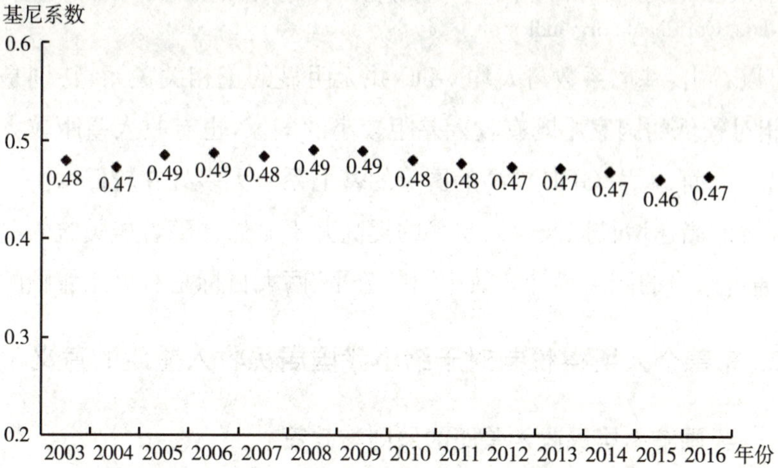

图 3　中国基尼系数的变化情况(2003—2016,国家统计局统计)

数据来源:国家统计局。

(三)基尼系数与人均 GDP 关系的国际比较

关于居民收入差距扩大的不利影响的著述可谓汗牛充栋,已无需本书赘述了,但一个相关的问题是,在经济总量达到较高水平的条件下,居民收入差距的扩大是否可以避免呢?为了回答这一问题,需要从国际比较的角度进一步考察我国居民收入差距的状况,我们在图 4 中展示了世界银行统计的 150 多个国家(或地区)的基尼系数与人均 GDP 的组合。

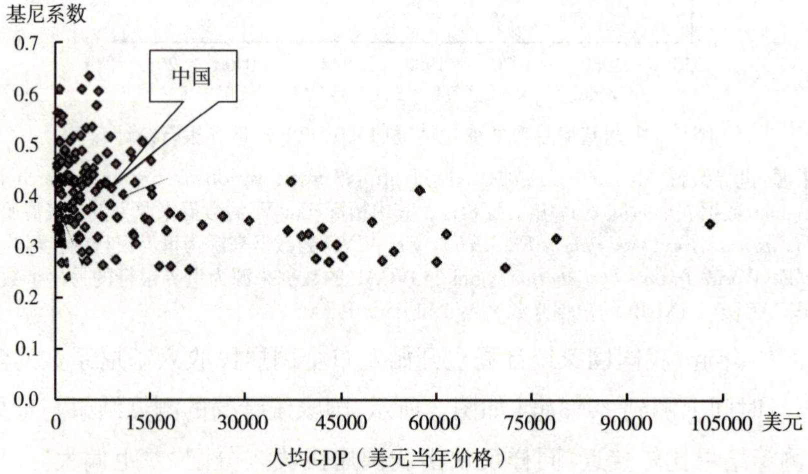

图 4　基尼系数与人均 GDP 关系的国际比较

数据来源:世界银行数据库,采用指标 Gini Index(World Bank estimate,2014 年)和 GDP per capita(Current $US,2016 年),若考察年份数据缺失则采用最近可得年份的数据,网址:http://data.worldbank.org/indicator。

可以看出,基尼系数与人均 GDP 并无明显的正相关关系,特别是人均 GDP 相对较低的国家中既有收入差距较小的国家,也有收入差距较大的国家。另一方面,人均 GDP 较高的国家的基尼系数大多处在较低水平。这就表明经济的高速增长以及收入水平的提高并不必然伴随着居民收入差距的扩大,通过适当的制度设计,"效率"和"公平"两大目标是有可能兼顾的。

二、完善个人所得税制对于缩小我国居民收入差距的意义

(一)我国缩小居民收入差距的原则与政策

随着居民收入差距的不断扩大,我国收入分配制度的指导原则也逐渐从改革开放前期的以"克服平均主义"和"效率优先、兼顾公平"为主转为对

公平目标更加重视(参见表1),其中2012年11月召开的党的十八大明确指出“初次分配和再分配都要兼顾效率和公平,再分配更加注重公平”。2017年10月召开的党的十九大对效率与公平的关系作了创新性调整,没有在分配制度方面直接讨论效率与公平的关系,但仍然明确强调要履行好政府再分配调节职能,缩小收入分配差距。

表1 中国共产党重要会议关于分配制度原则的阐述

会议	年份	会议文件	关于分配制度原则的表述
十一届三中全会	1978	会议公告	克服平均主义
十二届三中全会	1984	中共中央关于经济体制改革的决定	共同富裕决不等于也不可能是完全平均
十三大	1987	总书记报告	在促进效率提高的前提下体现社会公平
十四大	1992	总书记报告	兼顾效率与公平
十四届三中全会	1993	中共中央关于建立社会主义市场经济体制若干问题的决定	坚持效率优先、兼顾公平[3]
十五大	1997	总书记报告	坚持效率优先、兼顾公平
十六大	2002	总书记报告	坚持效率优先、兼顾公平;初次分配注重效率,再分配注重公平
十六届三中全会	2003	中共中央关于完善社会主义市场经济体制若干问题的决定	坚持效率优先、兼顾公平
十六届四中全会	2004	中共中央关于加强党的执政能力建设的决定	注重社会公平,合理调整国民收入分配格局,切实采取有力措施解决地区之间和部分社会成员收入差距过大的问题,逐步实现全体人民共同富裕
十六届五中全会	2005	中共中央关于制定国民经济和社会发展第十一个五年规划的建议	注重社会公平,特别要关注就业机会和分配过程的公平
十六届六中全会	2006	中共中央关于构建社会主义和谐社会若干重大问题的决定	在经济发展的基础上,更加注重社会公平
十七大	2007	总书记报告	初次分配和再分配都要处理好效率和公平的关系,再分配更加注重公平
十八大	2012	总书记报告	初次分配和再分配都要兼顾效率和公平,再分配更加注重公平
十九大	2017	总书记报告	坚持按劳分配原则,完善按要素分配的体制机制,促进收入分配更合理、更有序;……;履行好政府再分配调节职能,……,缩小收入分配差距。

来源:中国共产党新闻网中国共产党历次全国代表大会数据库,网址 http://cpc.people.com.cn/GB/64162/64168/index.html。

从政策实践看，我国近年来收入分配制度改革的力度不断加大，2013年国务院批转发改委、财政部和人力资源社会保障部《关于深化收入分配制度改革的若干意见》（国发[2013]6号，以下简称《意见》）[①]，《意见》进一步系统阐述了我国收入分配制度改革的总体要求、主要目标，以及继续完善初次分配机制和加快健全再分配调节机制的具体措施。为了贯彻落实《意见》提出的各项目标任务和政策措施，国务院办公厅发布了《关于深化收入分配制度改革重点工作分工的通知》（国办函[2013]36号）[②]，国务院还批复同意建立由发展改革委牵头的深化收入分配制度改革部际联席会议制度，即《国务院关于同意建立深化收入分配制度改革部际联席会议制度的批复》（国函〔2014〕54号）[③]。

然而，虽然我国政府十分重视缩小居民收入分配差距的问题，现有政策措施的收效并不理想，收入分配问题长期被列为我国经济社会发展中存在的突出矛盾和问题。在这种情况下，显然需要重新审视我国的收入分配政策体系，寻求更有效的政策工具或对现有的政策工具进行完善。

理论上收入分配可区分为初次分配和再分配两个层面，收入分配的公平既包括结果公平，也包括规则公平，但是，初次分配和规则公平固然重要，在市场经济体制下，政府很难通过初次分配阶段的政策措施达到缩小居民收入差距的目的，相反，为了贯彻劳动、资本、技术、管理等要素按贡献参与分配的原则，政府必须允许甚至鼓励部分社会成员获得高收入。因此，完善再分配调节机制是缩小我国居民收入差距的最后手段和必由之路。

（二）个人所得税在再分配政策体系中的作用

广义而言，政府的再分配政策工具包括税收、支出和社会保障制度等多项内容，根据其政策效应，又可进一步区分为直接再分配和间接再分配。其中直接再分配主要包括累进的个人所得税，以及针对低收入者的转移支付，

---

① 来源：中华人民共和国中央人民政府网站，网址 http://www.gov.cn/zhengce/content/2013-02/04/content_1624.htm。

② 来源：同上，网址 http://www.gov.cn/zhengce/content/2013-02/16/content_1614.htm。

③ 来源：同上，网址 http://www.gov.cn/zhengce/content/2014-05/14/content_8808.htm。

后者如我国的最低生活保障;间接再分配则主要包括养老保险、医疗保险等各类社会保险,以及公共教育支出、就业支出、医疗卫生支出以及保障性住房支出等。相对而言,直接再分配的两项制度是更为典型的再分配制度,其政策效应理论上更为明确,而间接再分配的各项制度则不然,比如政府的教育、医疗卫生支出和住房保障支出都并非仅仅针对低收入群体,在各类社会保险制度下居民的受益也在很大程度上取决于缴费而非收入水平。因此,为了更有效地缩小居民收入差距,政府再分配调节机制的完善应首先以累进的个人所得税和针对低收入者的转移支付这两项直接再分配政策工具为抓手。

从国际经验看,很多发达国家的税收和转移支付制度发挥了显著的缩小居民收入差距的作用,由图 5 可以看出,大多数 OECD 国家税收和转移支付前的基尼系数都处于接近或超过 0.5 的较高水平,希腊、爱尔兰、葡萄牙等国的基尼系数甚至接近 0.6,然而在税收和转移支付制度后这些国家的基尼系数都降到了 0.4 以下。

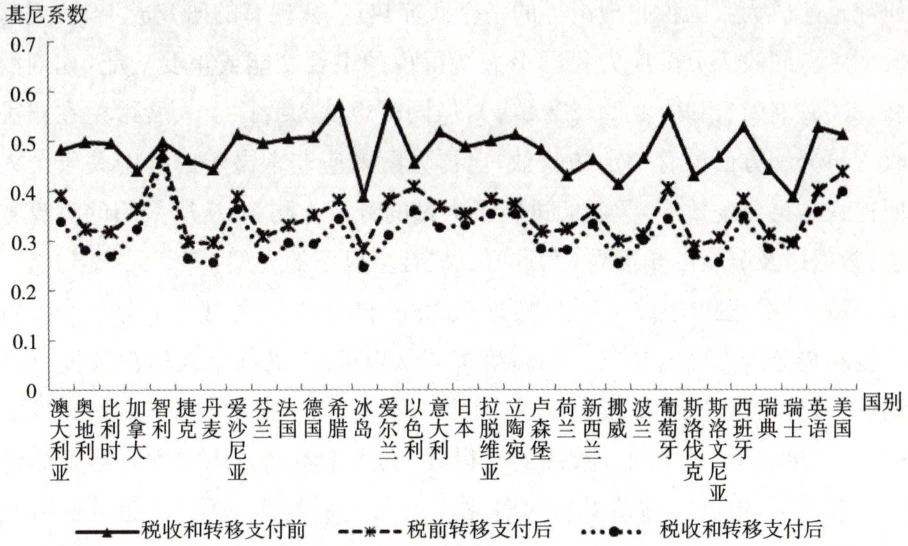

图 5　部分 OECD 国家税收及转移支付前后的基尼系数(2013)

数据来源:OECD income distribution database, 网址 http://stats.oecd.org/Index.aspx? DataSetCode=IDD,数据获取时间 2017 年 7 月 8 日,澳大利亚、日本和新西兰的数据所属时间为 2014 年,另外匈牙利、墨西哥、土耳其和韩国的数据不完整,故本图中没有体现。

就税收和转移支付制度的比较而言，转移支付制度的再分配效应普遍强于税收，但是，图5所考察的各个国家税前、税后收入基尼系数之差的平均水平为0.037，税前、税后基尼系数之差占税前基尼系数的比重（即基尼系数的降幅）平均为10.7%，其中爱尔兰的这两项指标更是分别达到0.073和19%，这说明税收的再分配效应不能忽视。鉴于税收的再分配效应主要是通过个人所得税实现的，通过进一步完善个人所得税制来缩小我国居民收入差距在当前具有显著的现实意义和紧迫性。

三、我国个人所得税再分配效应及其改善途径的研究述评

虽然从国际经验看个人所得税是有效的再分配政策工具，这一重要再分配政策工具在我国是否能够有效发挥作用却面临很大争议，这可能是我国个人所得税制改革举步维艰的一个重要原因[①]。

（一）关于我国个人所得税再分配效应微弱的基本结论

随着我国居民收入差距的扩大，对个人所得能再分配功能及其效应的研究迅速成为我国税收理论界的一个研究热点，从现有的研究成果看，大部分文献认同收入分配应为我国个人所得税的主要功能或重要功能（如刘丽坚，2006；刘尚希和应亚珍，2004等），但同时也认为我国个人所得税在居民收入再分配方面虽有一定的收效，但再分配效应非常微弱。其中关于个人所得税的再分配效应，学者们进行了大量的分析与测算，从所采用的测算方法、数据以及分析的角度看，大致可以概括为以下的类型：

第一，根据我国个人所得税实行分类税制的特点，从理论上分析个人所得税在再分配方面的缺陷。如高培勇（2011）指出，当前个人所得税的分类制形式，将所得分为11类并分别计征，不同来源所得的税率、扣除标准不同，其结果就是，对于同一数额的所得，因其属于不同来源的所得导致缴纳的税款不同，也更容易使具有多种来源所得的高收入纳税人，通过拆解收入、变更纳税项目等税收筹划方法来规避税收，或少纳税款，使个人所得税的调节功能大打折扣。翟继光（2012）也认为，同样是依靠自己的劳动赚取

① 本书第二章第二节对我国个人所得税制的发展历程进行了详细回顾。

报酬的工资薪金所得和劳务报酬所得的税收待遇就不同，一个月薪2000元的工人由于尚未超过工资薪金所得的扣除标准，因此不需要缴纳个人所得税，而一个没有固定工作，靠打散工赚取劳务报酬的下岗工人在取得2000元劳务报酬时，则需要缴纳240元的个人所得税。在这种情况下，条件优越者税负较轻，而处境艰难者的税负反而较重。另外，现行个人所得税制对炒股所得、国债利息等均未课税，也有悖于税收公平和量能课税原则。

第二，通过对比不同类型收入在个人所得税总收入中的占比的方法对个人所得税的再分配效应进行分析。如张文春(2005)指出我国个人所得税的65%来自工资薪金，而来自其他形式的收入只占35%。分析我国高收入者的收入来源，其他所得才是“致富”之本，而工资薪金是普通老百姓的主要收入来源。因此，以工资薪金为主要来源的特点表明我国个人所得税的再分能功能弱化。杨斌和石建兴(2004)也认为我国目前收入分配不公，主要表现在工资外收入的差距，而目前我国个人所得税中，工薪阶层缴纳的比例为52.7%，个体户缴纳的比例为29%，两项合计超过80%，加上来源于个人所得税的收入进入预算一般项目，用于政府开支，个人所得税对收入分配的调节功能几乎没有。

第三，通过对比不同收入组平均税负的方法分析我国个人所得税再分配效应的弱化。该类研究一般以《中国统计年鉴》中的家庭收入分组数据为基础，如胡鞍钢(2002)指出1996—2000年间我国最高收入户和高收入户的人均年收入增长远高于低收入户和最低收入户，但2000年高收入户和最高收入户的实际税负甚至低于低收入户和最低收入户，因此在这一期间我国个人所得税没有起到调节贫富差距的作用。王亚芬、肖晓飞和高铁梅(2007)用同样的方法研究发现，2002年以前低、中、高三个收入阶层的平均税率是由高到低的，从2002年开始平均税率开始随着收入的增加而增加，即低、中、高三个收入阶层的平均税率开始由低到高变化，因此2002年以后我国个人所得税再分配效应有所好转，但改善程度甚微。

第四，通过计算税前税后基尼系数之差的方法对我国个人所得税的再分配效应进行实证分析。这是近年来我国学者测算个人所得税再分配效应采用的最主要的方法，由于在采用的基础数据和数据口径方面存在差异，学者们得出的测算结果略有不同，总体上看，2000 年以来我国个人所得税缩小居民收入差距的作用逐步得到发挥并有所增强，但与发达国家相比，个人所得税再分配效应仍然较为微弱(参见表 2)。

表 2　国内学者基于基尼系数对我国个人所得税再分配效应的测算结果

文献	数据	时间	区域	测算结果
王亚芬等(2007)	家庭分组	1985—2005	全国	2002 年起税前、税后收入基尼系数差为正，但仅为 0.003 左右，税后基尼系数降幅不足 1%
李延辉和王碧珍(2009)	家庭分组	1994—2007	全国	2002 年起税前、税后收入基尼系数差由负转正，但降幅不足 1%
古建芹和张丽微(2011)	家庭分组	1995—2009	全国	2002 年起税前、税后收入基尼系数差为正，但基尼系数降幅基本在 1%以下
徐建炜、马光荣和李实(2013)	家庭微观	1997—2009	全国	税前、税后收入基尼系数之差在 0.0051 到 0.0125 之间，基尼系数降幅在 1.7%到 3.6%之间
张世伟和万相昱(2008)	模拟数据	2006—2008	吉林	个人所得税的再分配效应随居民收入提高而稳步上升，基尼系数降幅在 1.7%到 2.5%之间
万莹(2011)	家庭分组	1997—2008	全国	样本期间税前、税后收入基尼系数差均为正，基尼系数降幅不足 1%
饶海琴和冯仲华(2010)	家庭分组	1990—2006	上海	2002 年起税前、税后收入基尼系数差转为正，基尼系数降幅由不足 1%提高到 17%。
杨卫华和钟慧(2011)	家庭分组	1989—2008	广州	1990 年后税前、税后收入基尼系数差均为正，总体呈震荡上升趋势，部分年份基尼系数降幅超过 1%
彭海艳(2011)	家庭分组	1995—2008	全国	样本期间税前、税后收入基尼系数差均为正，基尼系数降幅不足 1%
石子印和张燕红(2012)	家庭分组	2007—2010	湖北	样本期间税前、税后收入基尼系数差均为正，基尼系数降幅不足 0.6%
黄凤羽和王一如(2012)	家庭分组	2010	全国、浙江、河南	税前、税后收入基尼系数差为正，全国基尼系数降幅约为 1%，浙江省和河南省分别约为 1.2%和 0.4%。
曹桂全和任国强(2014)	家庭微观	2008	天津	税前、税后收入基尼系数差为正，基尼系数降幅为 0.75%
王琴梅、赵阳阳和刘卫波(2012)	家庭分组	2002—2010	陕西	2007—2010 年税前、税后收入基尼系数差为负，个人所得税再分配效应出现逆调节

续表

文献	数据	时间	区域	测算结果
梁俊娇和何晓(2014)	家庭微观	2010	全国	税前、税后收入基尼系数差为正，基尼系数降幅为4.91%
何立新、袁从帅、王姜林和许银奎(2013)	家庭分组	2002—2011	全国和七省市	税前、税后收入基尼系数之差为正，在考察期间稳步上升，但2011年有所下降，东部地区个人所得税的再分配效应要大于中、西部。
蔡秀云和周晓君(2014)	家庭分组	2002—2011	全国	税前、税后收入基尼系数之差为正，在考察期间稳步上升，但2011年有所下降
岳希明和徐静(2012)	家庭微观	2002和2007	全国	税前、税后收入基尼系数之差为正，2002和2007年基尼系数降幅分别为1.99%和3.96%
邹凯丽(2014)	家庭分组	2000—2013	湖北	税前、税后收入基尼系数在大部分年份为负，个人所得税再分配出现逆调节
庞淑芬(2016)	家庭分组	2008—2014	北京	税前、税后收入基尼系数之差为正，基尼系数降幅在1%和2.7%之间
郭晓丽(2015)	家庭分组	1995—2012	全国	税前、税后收入基尼系数之差为正，在考察期间稳步上升，但2011年有所下降

第五，运用省级数据，分析某一地区或几个地区的个人所得税再分配效应。其中大部分研究以地区统计年鉴中的分组数据为基础，也有学者采用了微观家庭数据(参见表2)。该类研究揭示出我国个人所得税的再分配效应在东部发达地区显著优于中西部欠发达地区，在陕西、湖北等省区个人所得税对居民收入分配甚至出现了逆调节，因此多位学者主张各地区实行差别化的费用扣除标准。

第六，通过计算税前税后基尼系数之差对我国个人所得税的再分配效应进行测算，同时对税率、免征额等税制要素的再分配效应进行分解，从而进一步分析造成个人所得税再分配效应弱化的原因。如彭海艳(2011)通过对个人所得税再分配效应进行分解分析，指出我国个人所得税的累进性已处于较高水平，平均税率是造成我国个人所得税再分配效应微弱的主要原因。同时从不同收入的比较看，工资薪金所得税是个人所得税累进性的主要来源，从免征额和税率结构的比较看，免征额在工资薪金所得税的累进性中起主导作用。徐建炜等(2013)以及曹桂全和任国强(2014)分别运用全国和天津市的微观数据得出了相似的测算结果。

第七，通过计算税前税后基尼系数之差对我国个人所得税的再分配效应进行测算，同时分析个人所得税改革对个人所得税再分配效应的影响。其中徐建炜等(2013)以及岳希明、徐静、刘谦、丁胜和董莉娟(2012)利用国家统计局城镇住户调查数据对2011年税制调整[①]对个人所得税再分配效应的影响进行了模拟测算，发现此次税制调整使个人所得税再分配效应进一步弱化。他们认为我国个人所得税再分配效应较小的主要原因在于个人所得税的平均税负过低，而2011年的税制调整由于提高了工资薪金所得的费用扣除标准，导致个人所得税的平均税负进一步降低，于是个人所得税的总体再分配效应进一步弱化。

第八，通过建立计量经济模型分析个人所得税缩小居民收入差距的效应。如李宇和刘穷志(2011)建立了以主要不平等指标为被解释变量，以个人所得税再分配为核心解决变量的计量经济模型，研究发现在1997年到2006年间我国个人所得税扩大了可观测的总收入不平等和净收入不平等，并且逃税可能扩大以消费基尼系数近似表示的实际收入不平等。李绍荣和耿莹(2005)的实证研究则发现我国所得税类税收收入份额的增加会扩大资本所有者和劳动所有者市场收入的分配差距，从而影响了再分配功能的发挥。

第九，将个人所得税与社会保障等政策工具的再分配效应相结合进行对比分析。如田志伟、胡怡建和朱王林(2014)的研究认为我国个人所得税在2002年至2011年对城镇居民收入分配具有明显的正向调节作用，且程度呈递增趋势，而我国个人社会保障支出在2002年至2006年对城镇居民收入分配具有正向调节作用，在2007年至2011年则呈现出逆向调节的趋势。

(二)关于我国个人所得税再分配效应弱化问题的应对策略

针对我国个人所得税再分配效应微弱的现状，国内税收学界主要有两类不同的观点，其中一部分学者认为个人所得税再分配效应的发挥应以个

① 关于2011年税制调整的详细介绍参见本书第二章第二节。

人所得税占税收收入以及 GDP 比重的上升为前提，我国作为发展中国家，受到征管条件等现实因素的制约，个人所得税收入偏低的情况将长期存在，因此政府分配政策应着重改善初次收入分配环节的失衡，以及在财政支出环节加大对低收入阶层的转移支付补助、进一步完善社会保障体系和推进基本公共服务的均等化（如徐建炜等，2013；张文春，2005 等）。

另一部分学者则主张通过进一步完善个人所得税制度来改善个人所得税的再分配效应，具体措施包括扩大综合课征的应税所得的范围，对免征额或税率进行调整，对纳税单位或纳税期间进行调整等①。从研究方法上看，这类文献主要以国际经验借鉴研究和单个税制要素的探讨为主。刘元生、杨澄宇和袁强（2013）尝试建立一个包含人力资本投资和政府税收的两阶段世代交替模型对个人所得税免征额和税率对收入和财富分配以及经济增长的影响进行了模拟分析，但其关注的焦点仍主要在于免征额的优化，指出对于给定的税率，存在一个使基尼系数最小化的免征额。总体而言，与针对我国个人所得税再分配效应的测算分析相比，对于我国个人所得税再分配效应的完善途径还缺乏比较系统深入的研究。

（三）简要的评析

可以看出，国内税收学界对于个人所得税再分配效应问题十分重视，多年来积累了非常丰富的研究成果，研究的主要贡献在于从不同的角度论证了我国个人得税再分配效应较弱的基本特征，并逐步深化了对我国个人所得税再分配效应弱化的原因的分析。

然而，也要看到，自 1994 年税制改革以来，我国个人所得税收入的增长十分迅速。如图 6 所示，1995 年至 2016 年的 20 多年间，我国个人所得税每年平均环比增速高达 26.48%，远远高于同期 GDP 的平均增长速度。与之相对应，个人所得税收入占 GDP 的比重由 1994 年的 0.15%显著上升到 2016 年的 1.36%。2012 年，由于上年进行了税制调整，工资薪金所得费用扣除标准提高的幅度较大，个人所得税的增速有所下降，但随后很快就恢复上升。

① 本书第五章第一节详细介绍了国内学术界对于完善个人所得税制的主张。

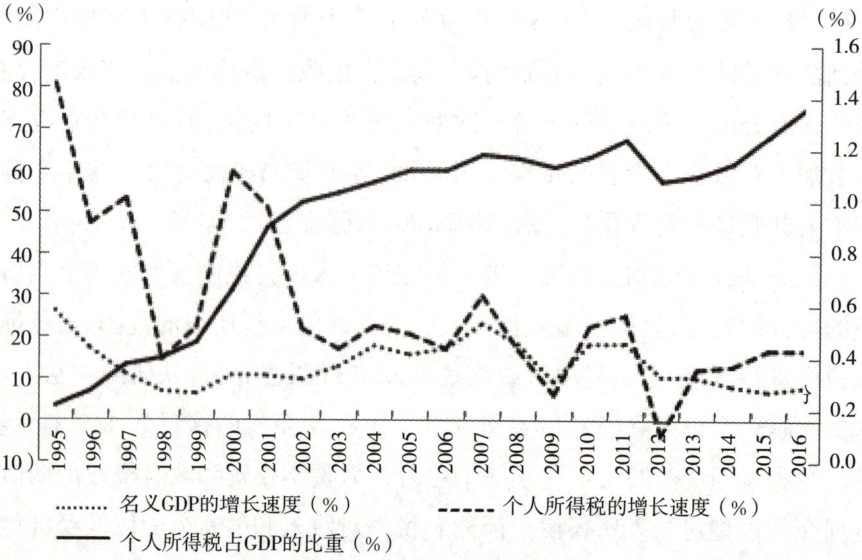

图 6　我国个人所得税的增长速度及其占 GDP 的比重(1995－2016)

数据来源:国家统计局网站以及作者计算,其中 1994－1998 年的个人所得税收入来源于《中国税务年鉴 2005》。

另一方面,我国个人所得税的最高边际税率达到 45%,在世界各国中已经处于较高水平(参见图 7)。

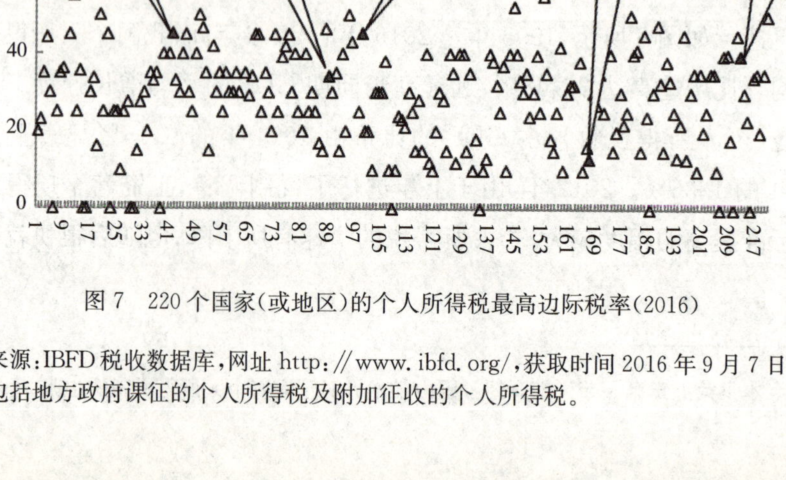

图 7　220 个国家(或地区)的个人所得税最高边际税率(2016)

数据来源:IBFD 税收数据库,网址 http://www.ibfd.org/,获取时间 2016 年 9 月 7 日,原则上不包括地方政府课征的个人所得税及附加征收的个人所得税。

在 2011 年个人所得税制调整中，我国将工薪所得的费用扣除标准，由每月 2000 元上调至每月 3500 元，同时将原来的 9 级 5%～45%的累进税率结构改为 7 级 3%～45%的累进税率结构（参见附录一）。经测算，该项调整将使税前月工资薪金所得在 2000 元（不含）－38600 元（不含）之间的纳税人税负下降，在 2000 元及以下和 38600 元的纳税人税负保持不变，并使该项所得在 38600 元（不含）以上的纳税人的税负显著上升（参见图 8）[①]，这显然进一步加强了对高收入的调节。

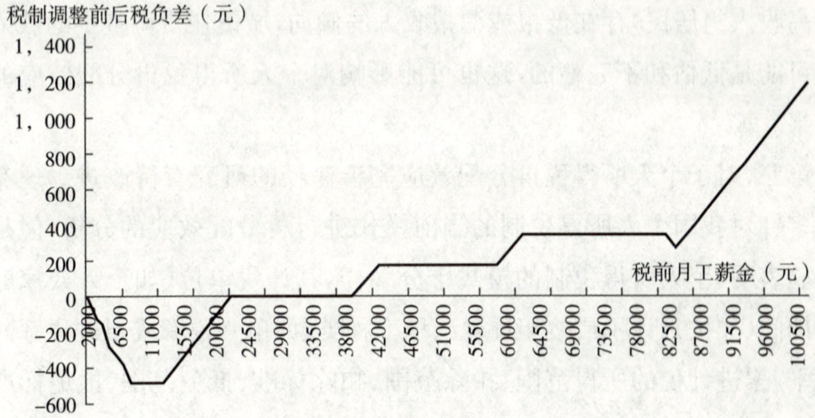

图 8　2011 年税制调整后不同工资薪金所得收入水平纳税人税负的变化情况

数据来源：作者测算。

高速增长的税收收入、高水平的最高边际效率以及进一步提高高收入群体税收负担的税制调整都表明我国政府利用个人所得税这一工具调节居民收入分配的政策意图十分明确，但力度如此之大的措施长期无法收到理想的政策效果，却反而导致我国个人所得税的再分配效应进一步弱化，对于这种明显存在矛盾的现象，现有的研究作出的解释仍然是不够充分的。

同时，对我国个人所得税再分配效应的研究至少还有待从以下角度进一步深化：

第一，个人所得税再分配效应的测算方法有待改进。现有文献在个人所得税再分配效应的测算方法上主要采用对比税前和税后收入基尼系数的方法。虽然基尼系数是应用广泛的衡量居民收入差距的指标，但是它对收

① 这里未考虑社会保险费、住房公积金等其他可扣除项目。

入分布的底部（即收入较低的区间）更为敏感[1]，因此以基尼系数为基础对个人所得税再分配效应的测算可能因为难以体现主要影响收入分配顶部（即收入较高的区间）的再分配政策的效果而存在一定的偏差。

第二，测算个人所得税再分配效应的基础数据有待改进。近年来越来越多的学者运用国家统计局城镇住户调查数据来进行我国个人所得税再分配效应的研究。尽管相对于传统的运用《中国统计年鉴》家庭收入分组数据进行的研究，这些新的测算的结果更为准确，但是，由于受访居民（特别是其中的高收入组居民）存在低报或漏报收入的倾向，城镇住户调查中的收入数据仍可能是低估和不完整的，这也可能影响对个人所得税再分配效应的测算结果。

第三，对于个人所得税再分配效应完善途径的研究有待改进。现有文献大多针对我国个人所得税制的当前模式进行再分配效应的分析，但是国际经验表明，个人所得税制的模式十分多样，其计税单位（如个人或家庭）、计税期间（如按月计税或按年计税）、税率种类（如单一税率或累进税率）、税率水平、累进计税的所得范围、扣除范围、扣除标准、抵免范围、抵免标准等要素都有多种选择，而现有研究对于这些可供选择的个人所得税制模式的再分配效应还缺乏比较系统的模拟分析。

针对上述情况，笔者认为，有必要对我国个人所得税的再分配效应进行进一步的深入研究，并针对可能的税制模式对我国个人所得税制的再分配效应进行更充分的模拟分析，以之为基础探索通过优化个人所得税制改善我国个人所得税再分配效应的方案，这正是本书的写作目的。

四、本书的写作思路和框架结构

在研究方法上，为了克服传统的通过对比税前税后基尼系数来测算个人所得税再分配效应的方法存在的局限性，本书将引入另一个测算居民收入差距的指标——广义熵指数[2]，该指标可以提供丰富的结构性信息，并且

① 基尼系数的这一特性将在本书第三章第一节详细阐述。

② 关于广义熵指数的详细介绍参见本书第三章第一节。

易于分解，对于分析我国个人所得税的再分配效应具有明显的优势。

在研究数据上，本书的研究将主要以国家统计局城镇住户调查数据(2010—2012)为基础。与以往学者运用的同类数据相比，本书的数据来源时效性更强，同时数据中包含了家庭成员的各类月度收入，因此可以开展更深入细致的模拟分析。同时，本书将借鉴学者王小鲁(2012)的方法构建包含隐性收入的居民家庭收入数据，借以图克服以往研究可能低估家庭收入(特别是高收入阶层的家庭收入)的缺陷。

在研究内容上，本书力图对 2011 年税制调整对个人所得税再分配效应的影响进行更加全面深入的测算，对典型税制改革方案下我国个人所得税的再分配效应进行模拟分析，并尝试将个人所得税和针对低收入人群的转移支付的再分配效应结合起来进行研究，在此基础上提出改善我国个人所得税再分配效应的思路。

将研究重点放在对中国个人所得税再分配效应完善途径的分析，而非对个人所得税再分配效应本身的测算，可能是本书对现有同类研究的最重要的改进。

本书余下的内容安排如下：第一章概要介绍个人所得税的课税原则、税制要素和课税模式，第二章介绍发达国家个人所得税制的改革趋势以及中国个人所得税制的发展历程、现状和可能的改革方向，第三章介绍个人所得税再分配效应的测算方法，第四章对 2011 年税制调整对我国个人所得税再分配效应的影响进行测算，第五章对总体税制调整对我国个人所得税再分配效应的影响进行模拟分析，第六章对总体税制调整效应进行扩展分析，第七章对多种收入分配底部调节方案的再分配效应进行模拟分析，第八章总结全书主要发现并提出完善我国个人所得税制的政策建议。

本书的框架结构如图 9 所示。本书的写作内容包括研究背景、研究方法、研究内容和研究结论四大部分：其中第一、二、三章导论、个人所得税制概述和个人所得税制的改革为研究背景；第三章个人所得税再分配效应的测算方法为研究方法；第四、五、六、七章为研究内容，是本书的主体部分，分别探讨中国个人所得税再分配效应和个人所得税再分配效应改善的途径，其中关于个人所得税再分配效应的研究主要体现为第四章 2011 年税制调整对个人所得税再分配效应的影响的研究，关于个人所得税再分配效应改善途径的研究体现在第五章至第七章，本书将着重分析两种可能的改善我国个人所得税再分配效应的途径，一是通过总体税制的调整改善我国个人所得税的再分配效应，二是通过引入负所得税或劳动所得税收抵免从收入分布的底部入手改善我国个人所得税的再分配效应；第八章为研究结论，对全书主要研究发现进行总结，并进一步论证本书提出的通过实行单一个人所得税制改善我国个人所得税再分配效应的主张。

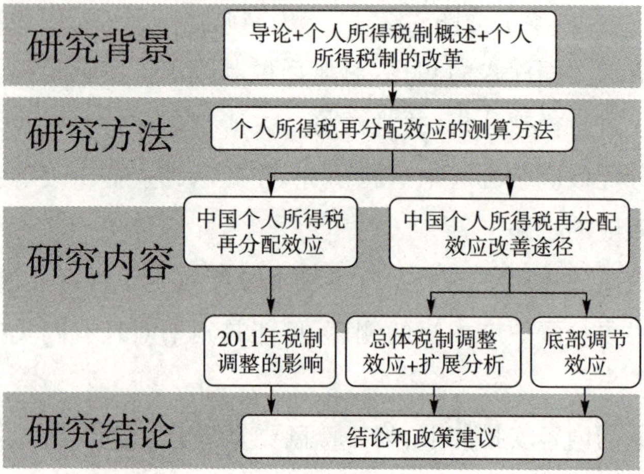

图 9　本书的框架结构

第一章
个人所得税制概述

本章将概要介绍个人所得税的课税原则、税制要素、课税模式等基本内容[①]，这是研究中国个人所得税再分配效应及其改善途径的基础和重要背景。

第一节　个人所得税的课税原则

一、主要税收原则理论

税收原则理论是关于一个国家的税收制度应如何设计的理论。个人所得税最早产生于1799年的英国，在此后的二百多年间，主要的税收原则理论对个人所得税制的发展演变产生了重要的影响，成为个人所得税的功能定位的基本依据，也是当今世界各国推行个人所得税制改革的重要思想渊源。就中国个人所得税制的优化而言，也是必须对这些税收原则进行充分的考虑和权衡的，因此我们需要对这些税收原则理论作一简要回顾[②]。

① 熟悉个人所得税制的读者可以跳过第一章和第二章，直接从第三章开始阅读。

② 考虑到个人所得税最初主要在西方国家产生和发展，在我国开征相对较晚，而本书讨论税收原则理论的目的是为下文个人所得税的税制设计做铺垫，在这里我们主要介绍西方国家的税收原则理论。

(一)亚当·斯密的税收原则理论

亚当·斯密在《国民财富的性质与原因的研究》(Smith,1976)一书中首次提出了系统的税收原则理论,包括著名的平等、确定、便利和节省四原则:

(1)平等原则。每个国家的国民,都应尽量按照各自能力的比例,即按照各自在国家保护下享有的收入的比例,缴纳赋税,以维持政府。

(2)确定原则。每个国家应当缴纳的税收,必须是确定的,不得随意变更。

(3)便利原则。各种赋税缴纳的日期及方法,应给予纳税人最大的便利。

(4)节省原则。一切赋税的征收,应该使人民付出的,尽可能等于国家收入的。

亚当·斯密的税收原则是和他主张自由放任的经济学思想相一致的,因此,他虽然将平等视为首要的税收原则,却并未强调政府的再分配职能,而是主张课征比例税,对每个成员平等对待,并且亚当·斯密提出的平等原则对于究竟按纳税人的能力征税,还是按纳税人从政府服务中的受益征税,在表述上不够明确,因此,亚当·斯密税收原则中的平等原则对当今世界各国税制设计的影响相对有限。但他的税收原则中的确定、便利和节省三原则,作为从税务行政上对一国税制进行评价的基本准则,得到后世学者的普遍认同并继承延续至今。

(二)德国社会政策学派的税收原则理论

德国社会政策学派代表、经济学家阿道夫·瓦格纳(Wagner,1958)集中前人税收原则理论之大成,提出税收的四大原则(含 9 小原则):

(1)财政政策上的原则。其一,收入应充分的原则。税收收入应足以满足国家财政需要;其二,应入应可动的原则,税收收入应能够适应财政支出的变化。

(2)国民经济上的原则。其一,不可误税源选择的原则。应优先选择所得而不是财产作为税源,以保护税本,发展国民经济。其二,不可误税种选择的原则。应优先选择转嫁方向明确或难以进行转嫁的税收作为主要税种。

(3)公正上的原则。其一,负担应普及一般的原则。应该对所有公民都征税，而不存在特权；其二，负担应分配平等的原则。税收负担应该反映纳税人的纳税能力，并应通过累进税及免税等措施，达到社会正义目标。

(4)税务行政上的原则。其一，课税应明确的原则。纳税的内容及程序事先规定清楚；其二，手续应便利的原则。应方便纳税人，简化征收手续；其三，征税费节约的原则。应使征收费用最小。

与亚当·斯密税收原则相比，瓦格纳的税收原则不仅内容上更为全面，也反映了社会政策学派更为强调政府干预的特点，表现在他明确提出税收要以满足政府实现其职能的经费需要为主要目的，明确提出税收不能损害国民经济发展，在税收公平方面，他也明确提出用免税或累进税的方式达到社会正义的目标。在税收原则理论发展进程中，瓦格纳的税收原则也具有里程碑的意义和深远的影响。

(三)凯恩斯学派的税收理论

凯恩斯及其追随者主张运用税收工具来调节国民收入和财富的分配以及刺激有效需求，具体来说，税收有三方面的作用：

(1)收入分配的调节工具。

凯恩斯(Keynes,1936)支持通过所得税和遗产税进行收入和财富的再分配，他认为累进税制不仅能够改善社会收入分配，缓和社会矛盾，更能够促进社会投资，增加消费需求。

(2)经济的自动稳定器和相机抉择的财政政策工具。

凯恩斯学派的重要代表人物萨缪尔森[①]指出，累进的所得税可以充当经济的自动稳定器。当经济过热时，纳税人收入上升，自动进入更高的税级，交纳更多税款，从而削减收入上升导致消费和投资上升的过热循环。相反，当经济低迷时，纳税人收入下降，税率自动下降，税收负担也随之减少，从而消费可随之增加。

即使在自动稳定器发生作用的情况下，宏观经济仍然会有波动，这时可以考虑采用税收等积极的财政政策工具。当经济繁荣时，政府可以提高税率，抑制过度消费和投资，以控制通货膨胀。当经济衰退时，政府可以减税，

① 参见保罗·萨缪尔森和威廉·诺德豪斯(1995)。

以避税国民收入的减少,维持社会消费和投资需求。

凯恩斯学派并未提出完整的税收原则体系,但他们首次提出运用税收政策工具来促进宏观经济稳定的主张,由此使得稳定原则成为税收原则体系中的重要组成部分。

(四)供给学派的税收理论

供给学派是20世纪80年代前后在美国和一些西方国家陷入经济"停滞膨胀"困境的背景下发展起来的,他们提出的最有影响的税收理论就是美国南加州大学教授阿瑟·拉弗提出的拉弗曲线原理(Wanniski,1978)。

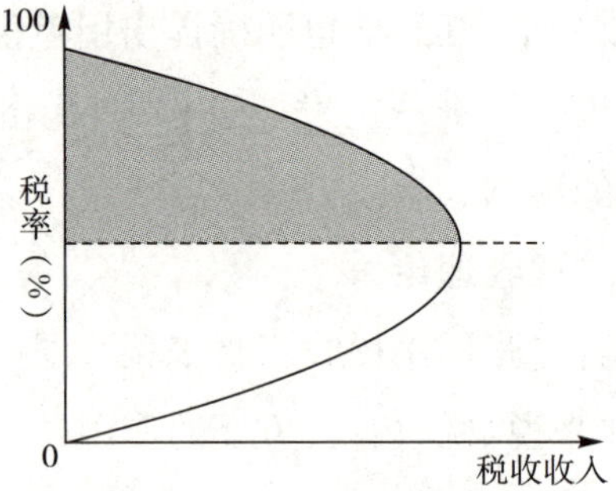

图10 拉弗曲线

拉弗曲线反映了政府税收收入与税率之间的关系,如图10所示。税收收入是税率的函数,当税率从零开始上升时,税收收入也在同时增长。但是由于税率上升可能改变纳税人的行为,譬如减少劳动,增加休闲,把收入转移到非纳税项目进行避税等,税收收入的增长速度将下降。当税率进一步上升,超过某一临界值时,税收收入也将下降,当税率达到100%时,不会有任何经济活动,税收收入将降为零。图中上半部分(阴影面积)是政府税收的"禁区",在这一区域,较高的税率将抑制经济活动,不但不能提高税收收入,反而导致税收收入下降,政府无法为公众提供良好的经济福利,也无法实行的有效的再分配政策。相反,图中下半部分是较为理想的区域,由于较低的税率有利于促进经济增长,反而将带来税收收入的上升。

供给学派的学者认为图中的税率临界值并不是一成不变的,比如在战争时期,这一税率的水平就高于和平时期,但他们认为20世纪70年代末美国和英国的税率都过高,在和平时期,较低的税率总是有利于经济在图中下半部分的区域健康运行,因此减税是供给学派的重要政策主张。

与凯恩斯学派相似的是，供给学派也没有提出完整的税收原则体系，阿瑟·拉弗本人甚至没有对拉弗曲线原理进行分析论证，但拉弗曲线原理得到了里根总统的赞赏，在很大程度上推动了20世纪80年代美国的大规模减税，并由此掀起了世界范围的减税浪潮。虽然后来供给学派的经济理论受到许多批评，拉弗曲线原理及相应的减税主张却仍然具有很强的政策影响力，是当今世界各国进行本国的税制设计时不能忽视的。

(五)最优税收理论

最优税收理论是从降低税收的额外负担的目标出发逐步发展起来的税收原则理论。经济学研究证明，如果市场是完全竞争的，不存在市场失灵现象，则可自发地实现资源的有效配置。但政府征税往往使原来有效率的资源配置状态被扭曲，导致纳税人的损失超过政府的税收收入，其差额就是税收的额外负担。这种负担是社会福利的净损失，最优税收要求降低乃至消除税收的额外负担。

最优税收理论最初关注的是商品税领域，根据著名的拉姆齐法则(Ramsey，1927)，为使商品课税的额外负担最小，商品的税率必须与商品的需求价格弹性成反比，这一结论亦被称为“反弹性法则”。

降低税收的额外负担和促使社会福利最大化是一致的，从社会福利最大化这一更宽广的视角出发，最优税收理论很快就从最优商品税扩展到了最优所得税。最优所得税理论着重关注所得税的税率结构。斯特恩(Stern，1976)在一个线性所得税的框架下研究认为，为实现社会福利最大化，在其他条件不变的情况下，劳动供给弹性越高，税率就应该越低，经测算，该框架下税率水平大约是19%时，能够实现社会福利最大化。关于非线性税率结构下的最优所得税，1996年诺贝尔经济学奖获得者米尔利斯(Mirrlees，1971)于1971年提出了收入最高者适用的边际税率应为零的主张，由于米尔利斯认为收入最低者不应缴纳个人所得税，因此，他的最优边际税率结构是倒“U”型的。然而，2010年诺贝尔经济学奖获得者戴蒙德(Diamond，1998)又在1998年提出了关于劳动者技能呈“U”型的最优边际税率的设计。因此，基于对劳动供给弹性、纳税人能力分布函数和社会福利函数等作出的不同假定，最优所得税理论关于最优边际税率的结论是不同的，然而，该理论的一般原则是重视个人所得税对劳动供给产生的扭曲性影响，强调对于劳动供给弹性较高的纳税人应课以低税。

由于发展历程比较长，最优税收理论不能归属于几个主要的经济学流派，但其理论体系完整，论证严谨，对税制设计的政策建议具体明确，因而受到了税收学界的高度重视和推崇，在税收政策方面的影响力也日益凸显。

（六）小结

在上述五种较有影响的税收原则理论中，亚当·斯密的税收原则理论、瓦格纳的税收原则理论以及最优税收理论都着眼于总体税收体系的优化，可以看出，三者都将税收公平放在非常重要的地位，因此，公平是理想的税收体系的基本要求。

然而，我们也看到，比亚当·斯密税收原则理论产生时间更晚，体系也更为完善的瓦格纳税收原则理论对税收的经济影响也给予了充分的强调，而最优税收理论更是采用严谨的现代经济学方法论证了基于效率和公平两方面的考虑优化税制的途径。

另一方面，20世纪三四十年代凯恩斯学派强调的税收对宏观经济的调控作用和20世纪七八十年代供给学派强调的减税，在随后的税收实践中也发生了重要的影响。而税务行政上的确定、便利和节省，在不同历史时期都被税收学界作为税收原则的重要组成部分。

因此，一个国家税制优化的总体原则可以总结如下：第一，应在坚持税收公平这一基本原则的前提下，努力兼顾效率目标，减轻税收对市场主体造成的扭曲性影响；第二，应注意发挥税收作为熨平宏观经济波动的政策工具的作用；第三，虽然税收的基本功能是筹集财政收入，但也需要积极关注和及时应对20世纪80年代以来世界范围内出现的减税趋势；第四，为了实现税务行政上的确定、便利和节省目标，理想的税收体系还应当是简便的、易于遵行的。

二、个人所得税与税收公平、效率和宏观经济稳定

一个国家的税收体系是由多个税种构成的，每个税种在贯彻税收原则方面的侧重点必然有所不同。但是，个人所得税制的特点决定了它在实现

税收的公平、效率以及稳定等目标方面相比其他税种都有明显的优势。

(一)个人所得税与税收公平

关于税收公平的最为一般的定义是要求纳税人的税收负担应该与其纳税能力相适应,具体又可区分为横向公平和纵向公平两个层次。前者要求指具备相同纳税能力的纳税人承担相同的税收负担;后者则要求税收制度区分纳税能力不同的纳税人,纳税能力较强者承担较高的税负。

理论上收入、消费和财产都可以作为客观的衡量纳税能力的标准,选择个人收入衡量纳税能力则意味着征收个人所得税。由于部分财产存在着难以估价(如房产和股票)和难以查核(如珠宝等)的问题,而消费又往往仅占个人收入的一定比例,越是低收入的纳税人,其消费占比反而越高,因此财产和消费在反映纳税人的纳税能力方面存在比较明显的缺陷。收入在统计上相对更为容易,也更为全面,因此,和财产、消费相比,个人所得是更好的衡量纳税能力的指标,个人所得税也就成为在实现税收公平方面更为理想的税种。

(二)个人所得税与税收效率

税收效率原则要求尽可能减少征税带来的成本,这既包括减少征税导致的效率损失(即前文所述的额外负担),也包括减少征税导致的行政成本(指征收费用和遵行费用)。

若不考虑征税导致的行政成本,则政府课税的影响一般包括两个方面,一是收入效应,即纳税人收入减少,政府收入增加的效应,从社会总体而言,这种效应只是收入从纳税人手中转移到政府手中,其净效应为零;二是替代效应,即纳税人以某种未被课税的经济行为替代被课税的经济行为产生的效应,这种效应导致纳税人的福利水平下降,而政府也得不到任何收益,因此是社会福利的净损失。

理论上,政府征收的各类税收基本上都存在替代效应,也就都会导致一定的额外负担(除非课征与纳税人任何经济行为都无关的人头税,或完全遵照最优税收理论的原则课税),但是,个人所得税主要涉及纳税人在劳动和休闲之间的选择,而不涉及纳税人在不同商品之间的选择,而选择性的商品税(又称货物劳务税)既改变商品的相对价格,又改变纳税人的真实收入,将对纳税人在劳动、休闲之间的选择和不同商品之间的选择方面都产生替代效应，因此个人所得税的替代效应影响范围相对较小，比商品税更有利于降低税收的额外负担。

在节约税收的行政成本方面，一般认为个人所得税制比较复杂，因此并不比商品税更为优越，但是也要看到，包括中国在内的一些国家实行的是增值税加消费税的商品税模式，而增值税制的实施依赖于严格的发票管理和交叉稽核制度，也需要耗费高昂的征纳成本。因此，在这种情况下，综合考虑税收的行政成本和额外负担，个人所得税仍是对实现税收效率更为理想的一个税种。

（三）个人所得税与宏观经济稳定

为实现宏观经济稳定，政府可以采用的财政政策工具包括两类，即自动稳定器和积极的财政政策。

自动稳定器是指财政制度内在具有自动调节经济、缓和经济波动，从而稳定经济的特性。个人所得税是最重要的一个自动稳定器。在税率给定不变的条件下，税收随经济周期自动同方向变化，在经济繁荣阶段，随着生产扩大，就业增加，居民的收入增加，在累进所得税制下，纳税人进入更高的纳税级次，税收占收入的百分比上升，税收的增长快于收入的增长，于是税后可支配收入的上升幅度小于收入增加的幅度，税收的增加就自动抑制了消费需求增长，缓解了经济过热。当经济处于萧条阶段，居民收入下降，税收自动减少，则将减小消费支出的下降幅度，缓解经济紧缩。

自动稳定器只能缓和经济波动，但若产出原本就处于充分就业的水平，那么任何形式的经济波动对经济都是有害的。为了应对经济波动，政府需要使用积极的财政政策。就税收手段而言，当实际产出水平小于充分就业时的产出水平时，经济处于衰退或萧条状态，政府可以通过减税提升纳税人的税后可支配收入，从而刺激消费需求和社会总产出的增加。当实际产出水平大于充分就业时的产出水平时，经济处于过热的状态，为了防止通货膨胀，政府可以通过增税压低个人可支配收入和消费需求，从而抑制社会总产出。

显然，自动稳定器和积极的财政政策都是着眼于居民消费而采取的需求管理政策，其通过税收手段发挥作用都主要依托个人所得税这个税种，因此对于宏观经济稳定这个税收原则目标来说，个人所得税也是最为理想的一个税种。

三、个人所得税制的设计原则

由于在实现税收公平、效率与宏观经济稳定等方面都具有良好的性质，个人所得税在税收理论界得到了广泛的推崇，目前在世界上大部分发达国家都占据了主体税种的地位。图 11 显示了 1965 年以来部分 OECD 国家个人所得税收入占税收收入总额的比重，可以看出，虽然 OECD 国家之间差别较大，最高的丹麦、美国等达到 50％以上，最低的智利还不到 10％，但在 OECD 范围内该指标的平均水平长期保持在 30％以上[①]。限于篇幅，图 11 没有展示每个国家的数据，据作者统计，2014 年 OECD 国家个人所得税收入占税收收入总额的比重超过 30％的有 22 个，占当年全部 35 个 OECD 国家的 62％。

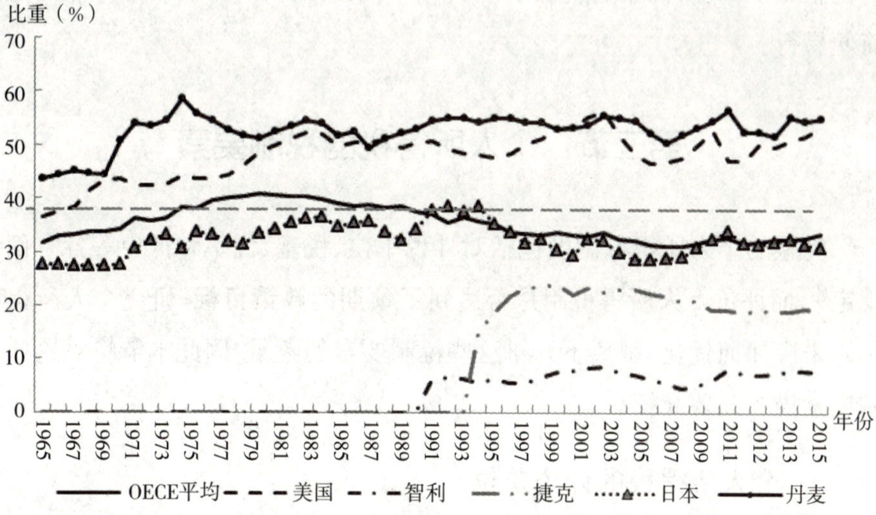

图 11　1965 年以来部分 OECD 国家个人所得税收入占税收收入总额的比重

数据来源：OECD Revenue Statistics，网址：http：//stats. oecd. org/Index. aspx? DataSetCode＝IDD，数据获取时间：2017 年 7 月 15 日。其中税收收入总额包括所得税、商品劳务税、财产税和其他税的收入，不包括社会保障缴款和工薪税（Payroll tax）收入。

① 上世纪八十年代以前，该指标一度达到 40％以上的最高水平，此后受到发端于美国的减税浪潮的影响明显下降，但进入 21 世纪以来又有所回升。

在个人所得税在税收公平、效率和宏观经济稳定方面都可以发挥重要作用并且成为一个国家的主体税种的情况下，由主要税收原则理论引出的一个国家税制优化的总体原则也成为个人所得税制的设计原则。具体地说，由于个人所得是衡量纳税能力的良好指标，便于有针对性地实行累进计税，在实现税收公平方面个人所得税具有其他税种难以比拟的优越性，同时公平也是一个国家总体税制优化的基本要求，因此个人所得税制应优先贯彻公平原则。然而，税收效率对于国家经济的健康运行也具有重要的意义，因此，在个人所得税制的具体设计上，应优先考虑能够更好兼顾税收效率，对市场主体造成的扭曲性影响较小的方案。在宏观经济过热或陷入低谷的特定背景下，可以通过对个人所得税制的适度调整缓和经济波动。一个国家在其周边与贸易伙伴国家频频减税的背景下，也有必要采取适度的减税措施，以激发本国经济的活力、增强本国税制的国际竞争力。最后，为了节约税收成本，提高税收的遵从水平，一个国家的个人所得税制还应尽可能地简便易行。

第二节　个人所得税的税制要素

完整的个人所得税制度包括对计税单位、税基、税率和抵免等各方面的规定[①]，而评价个人所得税制是否达到了预期的政策目标，研究个人所得税制未来应如何优化，都离不开对这些税制要素的考量，因此本节将对这些税制要素做一简要介绍。

一、个人所得税的计税单位

世界各国对个人所得税计税单位的规定存在较大的差异。一般可以分为三种类型：一是以个人为单位计税，采取这种方法的国家包括加拿大、瑞

① 对于跨国纳税人，一般还有关于课税范围的规定，如规定本国税收居民应就全球范围内获得的应税所得缴纳个人所得税，而外国税收居民只需要就本国来源的应税所得缴纳个人所得税等。

典和日本等，我国也采用以个人为单位计税的做法；二是以家庭或夫妇为单位计税，德国和法国等属于这种情况；三是纳税人具有选择权，可根据实际情况选择以个人或家庭作为申报单位，英国和美国等采取这种方法。其中美国联邦个人所得税针对四种不同纳税申报单位分别规定了相应的应税所得档次和税率（如表 3 所示）。

表 3　美国联邦个人所得税针对不同申报单位的应税所得档次及税率（2017 年）

年应纳税所得（美元）				税率（%）
单身个人	单亲户主	已婚夫妇单独申报	已婚夫妇联合申报	
9325 及以下	13350 及以下	9325 及以下	18650 及以下	10
9326—37950	13351—50800	9326—37950	18651—75900	15
37951—91900	50801—131200	37951—76550	75901—153100	25
91901—191650	131201—212500	76551—116675	153101—233350	28
191651—416700	212501—416700	116676—208350	233351—416700	33
416701—418400	416701—444550	208351—235350	416701—470700	35
418400 以上	444550 以上	235250 以上	470700 以上	39.6

资料来源：IBFD 税收数据库，网址 http://www.ibfd.org。

由于单身人士与已婚人士有不同的经济负担，除了个人支出以外，已婚者还需要负担抚养家庭成员的责任，因此，一般认为，以家庭为纳税单位更能体现纳税人的纳税能力和经济情况，更符合横向税收公平的要求。但是，在女性的收入通常比男性低的情况下，以家庭为单位计税时可能导致女性税负加重，由此损害税收的“婚姻中性”，或抑制女性的工作积极性，选择个人作为个人所得税的计税单位，也有其合理性。

二、个人所得税的税基

税基，即课税基础或计税依据，是征税的客观对象，在个人所得税中，表现为应税所得。

（一）应税所得的定义

对于个人所得税应税所得的定义，存在两个主流学说，即“所得源泉说”和“净资产增加说”。

“所得源泉说”的代表人物是弗里茨·纽马克。他认为：只有从一个可以获得固定收入的永久性“来源”中取得的收入才应被视为应税所得。按照这一定义，工资、薪金、经营利润、股息、利息、租金等收入都要纳税，但是，赠予、遗产、中奖所得以及转让财产获得的资本利得等一次性所得不纳入征税范围（Neumark，1947）。

“净资产增加说”的代表人数是乔治·香兹、罗伯特·黑格和亨利·西蒙斯，他们提出了著名的香兹——黑格——西蒙斯（简称 SHS）所得定义（Schanz，1896；Haig，1921；Simons，1938），即所得是一定时期内个人消费能力净增加的货币价值，等于在此期间的实际消费额加上财富净增加额。按照这一定义，应税所得不仅应包括经常性、连续性所得，还应包括馈赠、遗产及各类财产转让所得。

显然，按“净资产增加说”确定的个人所得税的税基更大。随着个人所得税在各国税制结构中的主体地位的确立及其调节经济功能的加强，越来越多的国家将“净资产增加说”作为确定个人所得税税基的原则。

当然，按照“净资产增加说”，不仅已经实现的现金所得，非现金所得（如企业给予员工的实物福利）、推定所得（如自有住房的推定租金）以及未实现的资本利得等都应该纳入应税所得的范围，实践中由于征管的困难，这些非现金所得或未实现的所得一般是排除在应税所得之外的。

（二）应税所得的类型

按照“净资产增加说”，纳税人在一定时期内的任何资产净增额都应列入应税所得的范围，但是各国税法对不同类型的所得往往规定不同的税收待遇或征税方法，这就需要对应税所得进行分类。其中比较重要的分类是将应税所得分为劳动所得（labor income）和资本所得（capital income）。

劳动所得指个人从事劳务活动所获取的报酬，包括工资、薪金、奖金、津贴、劳务报酬、稿酬、退休金、年金等。

资本所得指个人因为拥有各类资产而获取的收益，如股息、红利、利息、特许权使用费、租金等，以及资产转让产生的溢价收益，即资本利得（capital gain）。

个人从事各类经营活动所取得的营业利润也称经营所得，这类所得兼具劳动所得和资本所得的特征，在对应税所得分为劳动所得和资本所得两类实行不同税收待遇的国家[①]，经营所得需按一定的标准分割为劳动所得和资本所得。

（三）税基排除或豁免

除了非现金所得、推定所得、未实现所得等难以计入应税所得的项目外，各国税法通常会将更多所得项目排除在个人所得税的税基之外（exclusion），或规定一定的豁免（exemption）项目。国债利息是典型的免税项目，也有的国家对资本利得、股息红利等实行免税。

针对股息红利所得在公司环节已经缴纳了公司所得税，在股东个人环节再次缴纳个人所得税将出现重复课税的情况，德国采取了仅将个人纳税人收到股息的一半计入应税所得的做法，相当于通过部分的税基排除缓解了重复课税。

（四）税前扣除或宽免

税前扣除（deduction）或宽免（allowance）是确定个人所得税税基的重要环节，即根据个人所得税仅对个人净所得课税的原则，将纳税人为取得应税所得所发生的成本费用以及为维持家庭生计所发生的必要支出在征税前予以扣除。

目前世界各国对于税前扣除一般采取两种方式，即分项扣除（itemized deduction）和标准扣除（standardized deduction）。分项扣除制度下政府需要规定可以扣除的项目，通常包括捐赠支出、交通费用、教育培训费用、医疗费用、社会保障缴款、住房贷款利息等。标准扣除制度下政府需要规定扣除标准，扣除标准可以是一个统一的数额，也可以针对家庭赡养人口等情况作出规定。中国香港特别行政区的薪俸税规定的税前费用扣除标准就属于后一种情况，参见表 4。

① 即以下第四小节将讨论的二元个人所得税制。

表4　香港薪俸税税前费用扣除表(2017—2018财政年度)

扣除项目	扣除标准(港元)
基本免税额	132,000
已婚人士免税额	264,000
单亲免税额	132,000
第一及第九个子女免税额	100,000/位
第一及第九个子女出生年度增加	100,000/位
供养父母或祖父母免税额(年龄60岁或以上)	46,000/位
供养父母或祖父母免税额(年龄55岁或以上,但不满60岁)	23,000/位
供养父母或祖父母额外免税额(年龄60岁或以上)	46,000/位
供养父母或祖父母额外免税额(年龄55岁或以上,但不满60岁)	23,000/位
供养兄弟姊妹免税额	37,500/位
伤残受养人免税额	75,000/位

资料来源:香港特别行政区政府税务局,网址 http://www.ird.gov.hk/chs/pdf/pam61c.pdf,数据获取时间2017年7月16日。

相对而言,分项扣除更有利于准确反映纳税人的实际支出,但是,其实施的手续较为繁琐,而标准扣除实施较为简单。出于简化税制的考虑,20世纪80年代以来实行标准扣除的国家有增加的趋势(Sabirianova Peter 和 Buttrick, 2010)。

三、个人所得税的税率

个人所得税的税率结构主要有三种情况,一是对各类所得统一实行累进税率(税率随应税所得的增加而增加),二是对各类所得统一实行比例税率(这种情况又称单一税率),三是区分所得的不同类型分别实行累进税率或比例税率。

由于累进税率使得纳税人的平均税率和边际税率都随着收入的提高而上升,比较符合税收的纵向公平原则,因而为征收个人所得税的国家广泛采用。

但是,并非只有实行累进税率才能达到居民收入再分配的目的。在允许一定标准以下的收入免税的情况下,实行比例税率也可以实现纳税人的平均税率随收入的提高而上升，因此也具有一定的再分配效应。另一方面，累进税率对纳税人的经济行为可能带来更显著的扭曲性影响，从而会产生更显著的效率损失，单一税率有助于降低税收的效率损失。因此，不少学者主张个人所得税采用单一税率。20 世纪 90 年代以来，爱沙尼亚、立陶宛、俄罗斯等转型经济国家纷纷采用单一个人所得税率，使单一个人所得税率在国际上得到了广泛的关注。

一个国家也可以区分不同类别的所得分别实行累进税率或比例税率，这种情况下，通常对各类资本所得实行比例税率，而对劳动所得和(或)经营所得实行累进税率。

四、个人所得税的计税期间

绝大多数国家以年为个人所得税的计税期间，计税年度的起止时间有的与日历年度一致，有的是不同于日历年度的财政年度。如我国的计税年度是日历年度，英国的计税年度是每年的 4 月 1 日到次年的 3 月 31 日。

也有国家采用月为个人所得税的计税期间，比如阿尔巴尼亚、冰岛、尼日尔、乌兹别克斯坦等。

也可以针对所得类型规定不同的计税期间，如我国对于工资薪金采用按月计税的方法，对经营所得实行按年计税，而对财产转让所得等非经常所得实行按次计税。

五、个人所得税的征收方法

个人所得税的征收方法主要有两种，即源泉课征法和申报法。

申报法是指由纳税人自行在税法规定的纳税期限内，向税务机关申报取得的应税所得项目和数额，如实填写个人所得税纳税申报表，并按规定计算应纳税额，据此缴纳个人所得税。申报法的优点是有助于强化公民纳税义务，便于综合纳税人的各项所得实行累进税率，但容易出现隐匿或伪报应税所得的情况，而且征收成本较高。

源泉课征法是指在所得发生的源泉处课征，不直接向纳税人征税，而间接由支付所得的单位或个人承担代缴税款的义务。这种方法的优点在于，课征手续简便，征管方便，有利于控制税源，但缺点是无法综合纳税人的各项所得实行累进计税，难以体现税收纵向公平的要求。

第三节　个人所得税的课税模式

世界各国对于个人纳税人的不同应税所得，可以适用统一的累进税率或比例税率，采用相同的费用扣除或征税方法，也可以区分不同应税所得，采用不同的税率、扣除标准或征税方法，由此就形成了个人所得税的不同课税模式。一个国家个人所得税制的特征基本可由其课税模式集中体现出来。

一、分类个人所得税制

这种个人所得税制是将各种应税所得按来源和性质分为若干类别，对不同类别的所得按不同的税种课征，或虽按同一税种课征，但实行不同的税率、扣除标准或征收方法。

分类个人所得税制一般主要采用源泉课征法，手续简便、节省征收费用，便于控制税源。但其缺点是对纳税人不同类型的所得实行不同的税收待遇，可能造成总所得相同但所得来源不同的纳税人税收负担不同，甚至发生高收入低税负的情况，因此不利于体现税收的公平原则。

我国现行的个人所得税实行典型的分类课税模式，将个人的全部所得分为 12 项[①]，分别适用不同的税率或费用扣除标准。其优点是每类所得的应纳税额计算方便，便于实行源泉扣缴。但是，分类所得税制下，个人所得来源结构不同，税负差别很大，明显不公平，同时由于存在转换所得性质避税的机会，实际税收征收水平大大低于法定税负水平，导致这一税种筹集财政收入的功能也没有得到充分发挥。

① 详见本书第二章第二节。

二、综合个人所得税制

这种个人所得税制是将纳税人在一定时期内的各种所得综合起来，减去法定的豁免、扣除或宽免项目，就其余额按累进税率进行征税。

传统税收理论认为综合个人所得税制模式课税普遍，对各类所得统一按累进税率课税，能够在最大程度上体现税收公平原则。综合个人所得税制最初在德国得到应用，从世界各国的实践看，目前是应用最为广泛的一种课税模式。

然而，综合个人所得税制在征管上要求以申报课征为主，课税手续复杂，税务机关的征收费用和纳税人的遵行费用都很高。同时，由于劳动所得、资本所得、经营所得等各类所得的差异客观存在，实践中难免对不同所得的费用扣除等规定不同的标准，或对资本利得等所得实行比普通所得更为优惠的税收待遇，这就导致包括美国在内的不少国家开始放弃纯粹的综合个人所得税制，而在实践中推行某种形式的混合个人所得税制，也称分类综合个人所得税制。

三、分类综合个人所得税制

分类综合个人所得税制是将分项课征和综合计税相结合的个人所得税制，也称混合个人所得税制。根据分项课征和综合计税结合方式的不同，混合个人所得税制又有交叉型和分立型两种情况。交叉型是指先对各类所得分类从源课征，纳税年度结束时再对综合所得按累进税率计算课税，已从源课征的税款给予抵免，多退少补，日本是实行这种制度的典型国家。分立型则是指对某些所得项目，如利息所得、资本利得等单独计税，而对其余大部分所得项目综合起来运用累进税率课税，瑞典是实行这种制度的典型国家。

显然，分类综合个人所得税制是力图将分类和综合两种个人所得税制的优点兼收并蓄的一种制度。交叉型的分类综合个人所得税制更接近于综合个人所得税制，但征纳的步骤较为烦琐，与简化税制和节约税收成本的要求相悖，因此近年来实行的国家很少。而分立型的分类综合个人所得税制虽然形式上更接近于分类个人所得税制，由于将大部分所得综合计税，也在很大程度上体现了综合个人所得税制的原则。考虑到在经济全球化背景下对利息等资本所得单独计税并实行较低的比例税率已成为一种趋势，分立型的分类综合个人所得税制是更为务实的一种个人所得税制。

四、二元个人所得税制

二元个人所得税制相当于分立型分类综合个人所得税制的一种特殊形式，其基本特征是将个人的总所得区分为劳动所得和资本所得两部分，对劳动所得适用累进税率，对资本所得适用比例税率①，同时最大限度地拓宽税基，减少减免税。

一些经济学家认为，综合个人所得税制下对资本所得按与劳动所得相同的税率课税是不合理的，原因在于：第一，具有相同综合所得现值的纳税人在生命周期内的消费和储蓄的偏好可能差别很大。一些纳税人会通过较多的储蓄（广义的储蓄包括对银行存单、股票等各种金融资产以及对房屋等耐用品的购买）实现生命周期内的平稳消费，但由于在综合个人所得税制模式下，储蓄形成的利息、股息等资本所得需缴纳个人所得税，与较少储蓄从而获得较少利息收入的纳税人相比，他们就会承担较高的税收负担。第二，各国的税法一般不对利息所得进行通货膨胀调整，而是根据名义收益课税，但实际利息才反映真正应税的资本收益。因此利息所得的税收负担高于其他应税所得，这也是与综合所得税制的课税原则相悖的。

二元个人所得税制的实施主要是为了克服上述综合个人所得税制的缺陷。同时，二元个人所得税制在拓宽对资本所得课税范围的基础上对各种资本所得按相同的比例税率课税，可以为各种资本投资提供一个平等的竞争平台；二元个人所得税制下对资本所得以较低的比例税率课税，也有助于降低纳税人的避税动机，降低税收的征收和遵行费用，减少本国资本外流。

但是，二元个人所得税制的设计也面临着一个独特的问题，主要是个体经营者、私营业主的经营所得兼有劳动所得和资本所得的特征，一般需要针

① 劳动所得可享受一定的基本扣除，没有劳动所得只有资本所得的纳税人一般也可享受一定的扣除。

对经营资产存量按税法规定的相应行业的平均收益率估算其资本所得，然后将其余所得视为劳动所得，但这一方法难以考虑经济租金、风险补偿等许多个体差异的因素，因而存在争议。

北欧四国20世纪90年代初实行的个人所得税制是典型的二元个人所得税制，其对资本所得和劳动所得适用的差别税率参见表5。

表5 北欧四国二元个人所得税制下的税率结构

项目	国家			
	挪威	芬兰	瑞典	丹麦
二元个人所得税改革时间	1992年	1993年	1991年	1987年
劳动所得税率(%)	28—47.5	29.2—52.2	31.5[b]—56.5	38.1—59
资本所得税率(%)	28	28	30	28/43[a]

a. 低于起征点的股息税率为28%，其他税率为43%；
b. 仅有地方所得税；收入水平超过约32000欧元时应缴纳附加的联邦所得税。
资料来源：Genser(2006)。

但是，这些北欧国家后来不同程度地实行了进一步的税制改革，其中挪威的改革幅度较小，仅降低了劳动所得和资本所得的适用税率。芬兰保留了将全部所得分为劳动所得和资本所得的做法，但对资本所得改为实行累进税率。瑞典和丹麦都调整了所得的分类，其中瑞典将所得类型调整为经营所得、劳动所得和资本所得三类，丹麦将所得类型调整为个人所得(包括劳动所得和经营所得)、资本所得(不含来自股权的所得)、来自股权的所得和受控外国公司所得四类，分别适用不同的税率。这些国家的税制调整反映出二元个人所得税制的推行在实践中确实面临困难。

五、半综合、半二元个人所得税制

半综合、半二元个人所得税制是OECD提出的两种新的个人所得税制模式类型(OECD,2006)，由于都是对一部分所得综合课征，对另一部分所得分项计税，所以它们本质上仍然属于分类综合个人所得税制。

半综合个人所得税制更接近于综合个人所得税制，特点是将大部分应税所得综合累进计税，但对少部分资本所得单独按较低的比例税率计税。如美国对普通所得按表3所示的税率课税，但对符合条件的股息和资本利得适用较低的比例税率①。

半二元个人所得税制更接近于二元个人所得税制，其特点是对大部分资本所得适用比例税率，而对劳动所得、经营所得和少部分资本所得适用累进税率。荷兰是实行这种税制的典型国家，其税率结构参见表6。

表6 荷兰半二元个人所得税制下的税率结构

所得类别	所得项目	税率
第一类所得(Box 1)	雇佣和住房租赁所得	36.25%～52%四级超额累进
第二类所得(Box 2)	实质性持股所得(经营所得)	22%/25%[a]
第三类所得(Box 3)	来自储蓄和投资的所得	30%

a. 年收入25万欧元以上时适用25%的税率。

来源：IBFD税收数据库，网址 http://www.ibfd.org/，获取时间2017年8月12日。

半二元个人所得税制因为既能体现资本所得和劳动所得的差异，又避免了将经营所得区分为资本所得和劳动所得的难题，因此，近年来被不少国家采纳，比如瑞典的个人所得税制就从原来的二元税制调整到了半二元税制。

六、单一个人所得税制

单一个人所得税制又称平税制，相当于实行比例税率的综合所得税制，是对所有的应税所得按相同比例税率进行征税的一种个人所得税制模式，其中的应税所得一般为总所得扣除一定的免征额之后的余额。单一个人所得税制的思想理论最初由美国学者霍尔和拉布什卡(Hall 和 Rabushka，1981)作出较为系统的论述，但是真正使单一个人所得税制引起广泛关注的是爱沙尼亚、立陶宛、俄罗斯等国的单一个人所得税制改革实践②。其中俄

① 其中符合条件的股息指持有在规定的证券交易所交易并在除权日前的第60天起始的121天内持有时间达61天以上的股票获得的股息，符合条件的资本利得指处置持有超过一年的资产取得的资本利得，对于普通所得适用税率为39.6%的纳税人，符合条件的股息和资本利得的适用税率为20%，普通所得适用税率为33%、28%和25%的纳税人，符合条件的股息和资本利得的适用税率为15%，普通所得适用税率为15%和10%的纳税人，符合条件的股息和资本利得免税。

② 单一税制的历史最早可以追溯到1842年的英国，而且香港(1947)、格恩西(1960)和泽西(1940)等国家或地区在上世纪八十年代以前就开始采用单一税制，但一般认为最近的单一税制改革发端于1994年的爱沙尼亚(Keen 等，2008)。

罗斯2001年实施的单一个人所得税制改革在较短时间内取得了偷逃税现象减少、税收收入增加、就业和经济增长状况改善等良好成效(Mitchell,2005),受其启发,更多的中东欧国家选择实行单一个人所得税制,截至2016年9月,世界上实行单一个人所得税制的国家达到26个(参见表7)。

表7　实行单一税制的国家及其税率(2016年)

国家	税率(%)	国家	税率(%)	国家	税率(%)	国家	税率(%)
爱沙尼亚	26	罗马尼亚	16	黑山	9/15	阿曼	12/55
立陶宛	15	吉尔吉斯	10	白俄罗斯	13/16/9	泽西	20
拉脱维亚	23	马其顿	10	格鲁吉亚	20	伯利兹	25
俄罗斯	13	保加利亚	10/15	毛里求斯	15	特立尼达和多巴哥	25
土库曼斯坦	10	捷克	15/22	圭亚那	30		
匈牙利	16	牙买加	25	格恩西	20	玻利维亚	13%
瑙鲁	10	乌克兰	18				

资料来源:IBFD数据库,网址http://online.ibfd.org/kbase,数据下载于2016年9月7日。

第四节　负所得税制和劳动所得税收抵免

将个人所得税的应税所得和适用税率相结合就可以得到个人所得税的应纳税额,只是在综合个人所得税制和单一个人所得税制下,各类应税所得在进行扣除后要加总适用统一的税率表;而在其他税制下,各类应税所得在进行扣除后分别适用不同的税率表。通常将税率适用于应税所得之后得到的应纳税额就是个人所得税的纳税义务,且这个纳税义务应为正,但在一国实行负所得税制或劳动所得税收抵免时,政府也可能给予纳税人退税。负所得税制和劳动所得税收抵免将针对低收入阶层的转移支付与个人所得联系起来,甚至逐步演变成为个人所得税制的重要组成部分,在讨论个人所得税的再分配效应时,值得给予特别的关注。

一、负所得税制

负所得税可以看作是传统个人所得税的一种扩展,即把个人所得税由向高收入者的累进课征进一步延伸到对低收入者的补助,从而成为政府对收入低于一定水平的纳税人进行转移支付的一种方式。

在负所得税制下，设最低生活保障标准为 a，负所得税单一税率为 $t(0 < t < 1)$，纳税人的税前收入为 Y，个人所得税为 T，则

$$T = -a + tY \tag{1}$$

设纳税人的可支配收入为 Y_d，则

$$Y_d = Y - T = a + (1-t)Y \tag{2}$$

负所得税制与传统的针对低收入阶层的社会救济的区别在于，在负所得税制下，纳税人的可支配收入随着税前所得的提高而提高，而传统的针对低收入阶层的转移支付往往以纳税人的收入达到最低生活保障标准为目标，当纳税人工作收入增加时，社会救济金额相应减少。当然，当负所得税单一税率为100%时，负所得税制与传统社会救济的结果完全相同，因此，也可以将传统的社会救济看作负所得税制的一种特例。

需要说明的是，式(1)中的个人所得税计算公式与斯特恩(Stern,1976)提出的线性所得税框架是完全一致的，也与前文所述的单一个人所得税制颇为相似。若以 D 代表单一个人所得税制下的免征额，以 t、T 和 Y 分别代表税率、个人所得税和税前收入，则在单一个人所得税制下，有

$$T = t(Y - D) = -tD + tY \tag{3}$$

显然，当 $a = tD$ 时，负所得税制和单一个人所得税制在形式上完全相同。

但是，负所得税制、线性所得税和单一个人所得税制三者仍然有着明显的区别。

负所得税制强调的是纳税人的税前收入低于一定水平时可以从政府获得补助。由式(1)容易推出负所得税为0时纳税人的税前收入水平，即

$$Y = \frac{a}{t} \tag{4}$$

我们称这一收入水平为均衡收入，当纳税人的税前收入超过均衡收入水平时，政府不再向纳税人提供补助，t 就不再适用。

线性所得税框架强调的是所得税与税前收入的线性关系，当税前收入低于均衡收入水平时，纳税人从政府获得补助，当纳税人的税前收入超过这

一收入水平时，则要向政府交税。

单一个人所得税制强调的是在纳税人的税前收入超出免征额时，纳税人需要向政府交税；当纳税人的税前收入低于免征额时，纳税人虽然不再需要向政府交税，但政府也不会向纳税人退税或支付任何补助。

二、劳动所得税收抵免

劳动所得税收抵免（Earned Income Tax Credit，简称 EITC）是指一些国家按个人所得的一定比例给予符合条件的低收入纳税人一定的税收抵免，导致这些纳税人抵免后的应纳税额减少，甚至降为负值。劳动所得税收抵免以纳税人参加劳动并取得一定的劳动所得为前提，因此可以避免传统转移支付制度对劳动者工作参与的反激励作用，并帮助家庭完成从领取政府福利到参与工作、领取劳动收入的过渡。

美国的劳动所得税收抵免制度比较典型，以 1 个孩子的家庭为例，符合条件的纳税人可以按照表 8 所示的规则获得税额抵免，当抵免后应纳税额为负时，则可获得政府补助。

表 8　美国劳动所得税收抵免的计算方式（2016 年，1 个孩子家庭）

A. 劳动所得税收抵免参数

抵免率（%）	获得最大抵免额的最小劳动所得（美元）	最大抵免额（美元）	抵免递减率（%）	抵免递减劳动所得范围（美元）	
				最低收入	最高收入
34	9920	3373	15.98	18190	39296

B. 不同劳动所得水平对应的抵免额

纳税年度劳动所得（Y，美元）	抵免阶段	抵免额（美元）
0—9920	递增阶段	34%×Y
9920—18190	水平阶段	3373
18190—39296	递减阶段	3373—15.98%×（Y—18190）
≥39296	无抵免	0

资料来源：http：// www. taxpolicycenter. org/sites/default/files/legacy/taxfacts/content/PDF/historical_eitc_parameters. pdf，数据获取时间：2017 年 7 月 16 日。

可以看出，抵免额的确定采用分段函数的形式。在纳税人的劳动所得处于相对较低的阶段（大于零小于“获得最大抵免额的最小所得”）时，抵免额等于劳动所得乘以“抵免率”，随着劳动所得的增加而增加。随后，当劳动所得增加到一定标准(即“获得最大抵免额的最小所得”)时,抵免额保持在一个较高水平(即“最大抵免额”),当劳动所得进一步增加,达到“抵免递减所得范围”的下限(“最低收入”)时,抵免额将随着劳动所得的增加而按规定的“抵免递减率”递减,直至劳动所得达到或超过“抵免递减所得范围”的上限(“最高收入”)时,抵免额降为零。

劳动所得税收抵免与传统的社会救济和负所得税制的一个重要区别在于它包含了一个抵免额(即政府补助)随劳动所得递增的阶段,在这一阶段,纳税人新增一美元收入不仅无需纳税,还可以获得相当于抵免率的抵免额,并且劳动所得越高,能够获得的抵免也越高,所以边际税率事实上成了负值。这不仅有助于增加纳税人的收入,对纳税人的工作参与也有明显的激励作用。

第五节　本章小结

个人所得税在实现税收公平、效率及宏观经济稳定方面与其他税种相比都具有明显优势,实践中在许多国家的税收体系中也都占据着主体税种的地位,因此由主要税收原则理论引出的一个国家税制优化的总体原则也成为个人所得税的课税原则。具体地说,个人所得制改革方案的选择应优先考虑公平目标,在此基础上力求兼顾税收效率、稳定、简化等目标。

个人所得税制的设计具体涉及计税单位、税基、税率、征收方法等税制要素,对这些税制要素的不同选择形成不同的课税模式。典型的个人所得税制模式有综合税制、分类税制、分类综合税制和单一税制,其中分类综合税制有二元、半综合、半二元等不同的表现形式。在不同的税制模式下,有的国家还通过劳动所得税收抵免和负所得税制等实现对低收入阶层的转移支付。

第二章 个人所得税制的改革

在上一章从多个角度介绍个人所得制基本特征的基础上，本章将力图展示发达国家和我国个人所得税制的改革进程和发展趋势，这也是后文研究中国个人所得税制优化问题的一个重要基础。

第一节 发达国家个人所得税制的改革趋势

与税收原则理论的不断发展相适应，20 世纪 80 年代以来，不少西方发达国家对本国的个人所得税制进行了改革，尽管每个国家改革的背景、目的和具体方式不同，但改革存在一定的共同趋势。分析这些共同趋势对于我国个人所得税制的优化调整也有重要的借鉴意义。

一、最高边际税率的先降后升

最高边际税率是一个国家个人所得税制的一个重要特征。表 9 对比了 1981 年和 2016 年部分 OECD 国家的联邦或中央个人所得税的最高边际税率。可以看到，美国、英国、瑞典、丹麦、意大利、日本和新西兰等国最高边际税率经历了大幅度的下降，降幅达到 30%以上。

表 9 部分 OECD 国家中央/联邦个人所得税最高边际税率的变化情况

国家	最高边际税率(%)			国家	最高边际税率(%)		
	1981 年	2016 年	下降幅度		1981 年	2016 年	下降幅度
澳大利亚	60	45	25	意大利	72	45.5	36.8
丹麦	40	28	30	日本	75	37	50.7
芬兰	51	37.5	26.5	荷兰	72	60	16.7
法国	60	53.25	11.3	新西兰	60	39	35
德国	56	51	8.9	挪威	38	29.85	21.4
爱尔兰	60	44	26.7	美国	70.6	39.6	43.9
瑞典	58	25	56.9	英国	60	40	33.3

数据来源:OECD tax database,网址 http://www.oecd.org/ctp/tax-policy/tax-database.htm#pit (Table I.1-Central government personal income tax rates and thresholds 及其历史数据),获取时间 2017 年 7 月 18 日。

但是,值得注意的是,OECD 国家个人所得税的最高边际税率并非自 1981 年以来持续下降,特别是 2007 年国际经济金融危机以来,不少国家调高了个人所得税的最高边际税率,有的国家还通过增加附加税等方式提高了个人所得税的税负。图 12 显示了所有 OECD 国家 2001 年、2007 年和 2016 年包括地方税和附加税在内的个人所得税最高边际税率情况,可以看出,在全部 35 个 OECD 国家中,只有 10 个国家 2016 年的这一指标与 2007 年相比持平或下降,其余 25 个国家在国际金融危机之后都提高了最高收入者的个人所得税负。

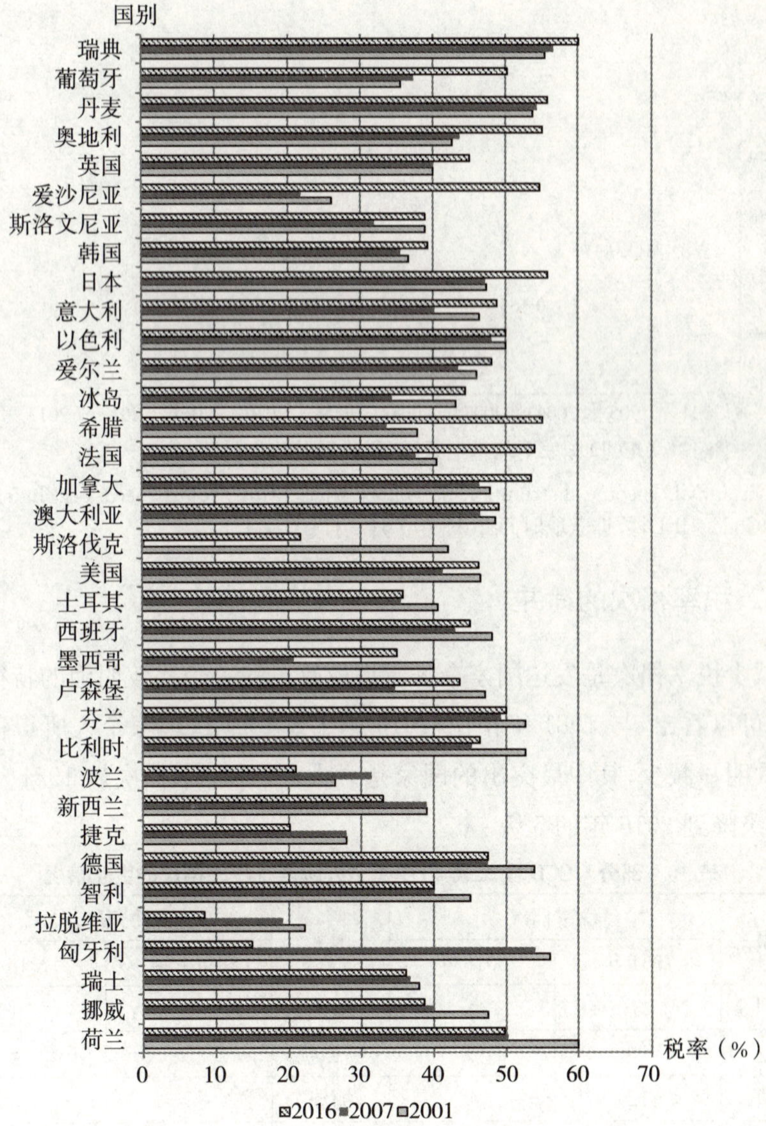

图 12 OECD 国家 2001、2007 和 2016 年个人所得税最高边际税率的变化情况

数据来源:OECD tax database,网址 http://www.oecd.org/ctp/tax-policy/tax-database.htm#pit (Table I.7-Top statutory personal income tax rate and top marginal tax rates for employees)。

OECD 国家在国际金融危机之后调高个人所得税最高边际税率的做法可能与这一时期这些国家居民收入差距的显著扩大有关(参见图 13),同时也充分表明了个人所得税制优化问题的复杂性。

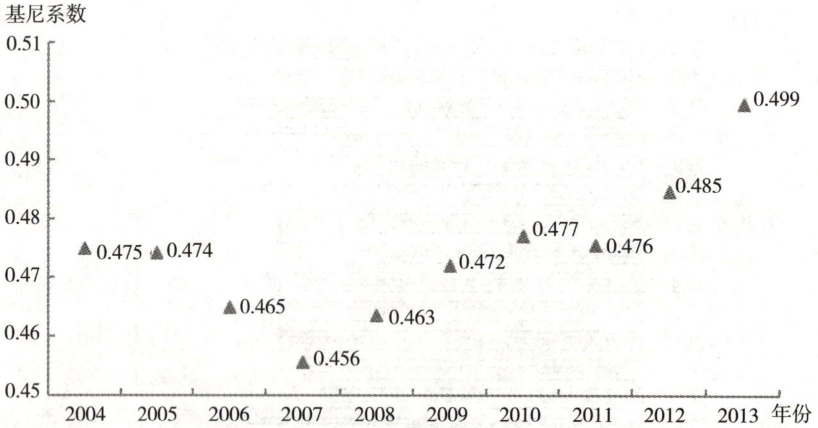

图 13　OECD 国家平均基尼系数(税收和转移支付前,2004—2013 年)

数据来源:OECD income distribution database, 网址 http://stats.oecd.org/Index.aspx?DataSetCode=IDD,数据获取时间 2017 年 7 月 8 日。

二、税率档次的简并

减少税率档次是发达国家个人所得税改革的一个比较明确的特征。由表 10 可以看出,与 1981 年相比,2016 年主要 OECD 国家个人所得税的税率档次明显减少,其中最突出的国家是意大利,其税率档次从 1981 年的高达 32 级降到 2016 年的 5 级。

表 10　部分 OECD 国家联邦/中央个人所得税税率档次的变化情况

国家	税率档次		国家	税率档次	
	1981 年	2016 年		1981 年	2016 年
澳大利亚	3	4	荷兰	10	4
丹麦	3	3	新西兰	5	4
法国	12	6	挪威	7	3
爱尔兰	5	2	美国	16	5
瑞典	11	2	英国	6	3
意大利	32	5			

数据来源:OECD tax database,网址 http://www.oecd.org/ctp/tax-policy/tax-database.htm#pit (Table I.1-Central government personal income tax rates and thresholds 及其历史数据),获取时间 2017 年 7 月 18 日。

三、最低边际税率调整方向的分化

与最高边际税率的调整不同，发达国家个人所得税最低边际税率（即第一档税率）的调整方向有着明显的分化。表 11 比较了 1981 年和 2016 年部分 OECD 国家个人所得税的最低边际税率。可以看出，澳大利亚、英国、荷兰等国个人所得税最低边际税率大幅下降，而意大利、瑞典、挪威等国却大幅上调了第一档税率。进一步分析发现，第一档税率上升显著的国家往往曾经实行了较多税率档次，因此在对多档税率进行大幅简并的进程中保留了相对较高的第一档税率。

表 11　部分 OECD 国家联邦/中央个人所得税最低边际税率的变化情况

国家	最低边际税率（%）		国家	最低边际税率（%）	
	1981 年	2016 年		1981 年	2016 年
澳大利亚	32	17	荷兰	17	4.5
丹麦	14.56	7	新西兰	14.5	15
法国	5	8.25	挪威	6	10.35
爱尔兰	25	22	美国	14	15
瑞典	1	20	英国	30	10
意大利	10	18.5			

数据来源：OECD tax database，网址 http://www.oecd.org/ctp/tax-policy/tax-database.htm＃pit（Table I.1-Central government personal income tax rates and thresholds 及其历史数据），获取时间 2017 年 7 月 18 日。

四、税收指数化措施的实行

个人所得税税率表中的应纳税所得额档次以及扣除、抵免标准等通常都是按照名义值规定的，实际操作中并不考虑通货膨胀率。然而，在存在通货膨胀的情况下，纳税人的各项收入和支出即使实际水平保持不变，名义水平也会上升。由此可能导致纳税人因名义收入的提高进入更高的税率档次，却不能因名义支出的增加而获得更高的费用扣除，实际税负不断加重。

针对这种情况，发达国家的个人所得税制度中较为普遍地增加了对税率表中的应纳税所得额及扣除、抵免标准等进行通货膨胀指数化调整的规定。具体做法通常是依据规定的参考指标，如居民消费物价指数等，定期调整相关的标准并重新发布。

第二节　我国个人所得税制的改革进程

一、我国个人所得税制度的发展历程

(一)个人所得税的正式开征

新中国成立后，1950 年 1 月中华人民共和国政务院公布的《全国税政实施要则》中已列有“薪给报酬所得税”，但由于改革开放以前中国长期实行低工资制，且个人收入差距不大，这一税种一直未开征。

上世纪 70 年代末，随着国家改革开放战略的实施，外籍个人来华工作并取得收入的情况迅速增多，出于维护国家主权和经济利益的需要，1980 年 9 月 10 日第五届全国人民代表大会第三次会议通过并公布了《中华人民共和国个人所得税法》[①]，我国正式开征了个人所得税。

1980 年的《中华人民共和国个人所得税法》规定的应税所得有六类，分别为工资薪金所得，劳务报酬所得，特许权使用费所得，利息、股息、红利所得，财产租赁所得和其他所得。其中工资薪金所得适用 7 级超额累进税率，税率为 5%至 45%(税率表见附录二)，劳务报酬所得，特许权使用费所得，利息、股息、红利所得，财产租赁所得和其他所得，适用比例税率，税率为 20%。在计算应纳税所得额时，工资薪金所得可每月减除费用 800 元；劳务报酬所得、特许权使用费所得、财产租赁所得，每次收入不满 4000 元的，减除费用 800 元，4000 元以上的，减除 20%的费用；利息、股息、红利所得和其他所得没有费用扣除。

由此可见，我国个人所得税制设立之初即选择了分类所得税制模式，另外由于规定了每月 800 元的费用扣除标准，而当时我国公民的收入水平很低，一般每月只有几十元，因此这一时期的个人所得税事实上是针对外籍人

① 全国人大常委会委员长令第 11 号。

员征收的。

(二)征收城乡个体工商业户所得税

1949年中华人民共和国建立后至1985年,我国对个体工商业户的生产经营所得是依照工商所得税有关规定征税的。其间在1963年改进所得税征收办法[①]时,对个体工商户制定了14级全额累进税率,最高税率为62%,并可加征1至4成(税率表参见附录三),同时我国对手工业合作社、交通运输合作社等集体经济实行的是7%到55%的8级超额累进税率,因此改革开放前个体经济面临的税收负担明显高于集体经济。

改革开放后,为繁荣市场、扩大就业、安定社会,1980年经国务院批准,财政部发出了《关于改进合作商店和个体经济缴纳工商所得税问题的通知》,对个体工商业户的所得税负担作了调整。个体工商业户的所得税可以暂不执行全额累进税率和加成征税的办法,其负担可在相当于手工业集体企业8级超额累进税率负担水平的原则下,由各省、自治区、直辖市人民政府结合具体情况自行规定,征收管理和征税办法的权限也下放给地方。但是,这又导致全国各地对个体工商业户征收的所得税各不相同,出现了个体工商业户的平均税收负担轻于集体企业的现象。

为了加强对城乡个体工商业户的管理,合理调节其收入,国务院于1986年1月27日发布了《中华人民共和国城乡个体工商业户所得税暂行条例》,对从事工业、商业、服务业、建筑安装业、交通运输业及其他行业的城乡个体工商业户,就其每一纳税年度的收入总额,减去成本、费用、工资、损失以及国家允许在所得税前列支的税金后的余额统一按十级超额累进税率征收所得税(税率表见附录四):最低一级,全年所得额1000元以下的部分,税率为7%;最高一级,全年所得额3万元以上的部分,税率为60%;纳税人全年所得额超过5万元的部分,加征10%～40%的所得税,具体加征办法由各省、自治区、直辖市人民政府确定。

(三)征收个人收入调节税

随着改革开放以来"大锅饭"逐步被打破,我国公民个人的收入情况发

---

① 根据国务院发布的《关于调整工商所得税负担和改进征收办法的试行规定》。

生了很大变化，一是收入水平普遍提高，二是收入来源由过去只是以工资为主转变为除工资之外还有各种奖金、劳务报酬、技术转让收入、承包收入以及股息红利收入等。与此同时，个人之间的收入差距开始拉大，社会贫富分化的矛盾日趋突出。为了防止个人收入差距过大，国务院于1986年9月25日发布了《中华人民共和国个人收入调节税暂行条例》，决定自1987年1月1日起对中国公民开征个人收入调节税。

根据《中华人民共和国个人收入调节税暂行条例》和同年12月10日发布的《中华人民共和国个人收入调节税暂行条例施行细则》，个人收入调节税采用综合和分类相结合的课税模式，将纳税人的收入分为八个类别采用三种方式计税。

纳税人收入的八个类别分别为：①工资、薪金收入；②劳务报酬收入；③承包、转包收入；④财产租赁收入；⑤投稿、翻译取得的收入；⑥专利权的转让、专利实施许可和非专利技术的提供、转让取得的收入；⑦股息、利息、红利收入；⑧经财政部确定征税的其他收入。

三种不同的计税方式分别为：

第一，将第①、②、③、④项收入合并为综合收入，按月征收，适用统一的免征额和五级超倍累进税率。具体方法是，将纳税人的个人收入按全国不同类别的工资区①划分为四档，每个档次规定有相应的个人收入计税基数，不超过基数三倍的个人综合收入为免征额，超过基数三倍以上的部分，按规定税率累进征收(税率表参见附录五)。

第二，对第⑤、⑥两项收入实行分项计税，按次征收，税率为20%，并采用以下的费用扣除规定：每次收入不超过4000元的，减除费用800元；超过4000元的，减除相当于每次收入额20%的费用。

第三，对第⑦、⑧项收入实行分项计税，按次征收，税率为20%，但不允许扣除费用。

① 1956年，中国实行工资制度改革，依据各地自然条件、物价和生活水平、工资状况，适当照顾重点发展地区和艰苦地区，将全国分为11类工资区。规定以一类地区为基准，每提高一类，工资标准增加3%(如浙江属二类地区、安徽属三类地区、北京属六类地区、上海属八类地区、广东属十类地区、青海属十一类地区等)。这一规定沿用到1993年。

(四)1994 年税制改革与新个人所得税制的确立

1992 年以后中国改革开放的步伐再次加快。1992 年 10 月 12 日召开的党的十四大提出了“建立社会主义市场经济体制”的目标，与之相适应，1994 年我国启动了新一轮系统性的税制改革。

我国现行的个人所得税制度基本上是在 1994 年税制改革中确立的。1994 年税制改革的基本原则是统一税法、公平税负、简化税制和合理分权，按照这一基本原则，个人所得税改革的措施主要是将原来按照纳税人类型划分的个人所得税、城乡个体工商业户所得税和个人收入调节税合并，建立新的统一的个人所得税制度。1993 年 10 月 31 日，第八届全国人民代表大会常务委员会第四次会议通过了修订的《中华人民共和国个人所得税法》，并决定《中华人民共和国个人收入调节税暂行条例》和《中华人民共和国城乡个体工商业户所得税暂行条例》于 1994 年 1 月 1 日废止。

新个人所得税法进行的主要调整是：第一，增加四个应税项目，即“个体工商户的生产、经营所得”“对企业事业单位的承包经营、承租经营所得”“财产转让所得”和“偶然所得”。第二，调整费用扣除额。将中国公民的费用扣除标准从原来的每月 400～460 元提高为每月 800 元，同时增加了附加费用扣除的规定，适用于外籍人员。第三，调整税率。规定对不同的应税项目，分别适用不同的九级超额累进税率、五级超额累进税率以及 20%的比例税率，对劳务报酬所得和稿酬所得又分别作出了加成征税和减税的规定。

由于取消了个人收入调节税制度下的“综合收入”项目，对应税所得的“分项扣除、分项定率、分项征收”更为彻底，与改革之前相比，我国更为清晰地确立了分类个人所得税制模式。

(五)1994 年税制改革后个人所得税制的调整

1994 年税制改革之后，我国个人所得税制的总体框架变化不大，但也经历了几次调整，具体包括：

1999 年，取消储蓄存款利息的免税条款，恢复对居民储蓄存款利息征税[①]；

① 根据 1999 年 8 月 30 日第九届全国人民代表大会常务委员会第十一次会议对《中华人民共和国个人所得税法》的第二次修正。

2000年，向个人独资企业和合伙企业停征企业所得税，改为向其投资人征收个人所得税[①]；

2005年，上调工资薪金所得费用扣除标准，由原来的每月800元上调至每月1600元，同时扩大了纳税人自行申报的范围[②]；

2007年，将个人储蓄存款利息所得的税率下调至5%[③]，进一步上调工资薪金所得费用扣除标准至每月2000元[④]；

2011年，再次上调工资薪金所得费用扣除标准，由每月2000元上调至每月3500元；简化税率结构，由原来5%～45%的9级超额累进税率改为3%～45%的7级超额累进税率；调整个体工商户的生产、经营所得和对企业事业单位的承包经营、承租经营所得适用各档税率的应税所得额标准[⑤]（新旧税率结构的比较如附录一所示），并将两类经营所得纳税人的费用扣除标准也提高到每月3500元[⑥]。

二、我国现行个人所得税制的主要内容

（一）纳税人和计税单位

我国现行个人所得税制以个人为计税单位，不考虑纳税人的婚姻和家庭状况。

---

① 根据《财政部国家税务总局关于印发〈关于个人独资企业和合伙企业投资者征收个人所得税的规定〉的通知》（财税字[2000]第91号）。

② 根据2005年10月27日第十届全国人民代表大会常务委员会第十八次会议对《中华人民共和国个人所得税法》的第三次修正。

③ 2007年6月29日第十届全国人民代表大会常务委员会第二十八次会议决定对《个人所得税法》进行第四次修正，规定对储蓄存款利息所得开征、减征、停征个人所得税及其具体办法，由国务院规定。随后，国务院发布《关于修改〈对储蓄存款利息所得征收个人所得税的实施办法〉的决定》（2007年7月20日中华人民共和国国务院令第502号），规定自2007年8月15日起，对储蓄存款利息所得征收个人所得税，减按5%的比例税率执行。

④ 根据2007年12月29日第十届全国人民代表大会常务委员会第三十一次会议对《中华人民共和国个人所得税法》的第五次修正。

⑤ 根据2011年6月30日第十一届全国人民代表大会常务委员会第二十一次会议对《中华人民共和国个人所得税法》的第六次修正。

⑥ 根据《国务院关于修改〈中华人民共和国个人所得税法实施条例〉的决定》（2011年7月19日国务院令第600号）。

纳税人包括居民纳税人和非居民纳税人，其中居民纳税人是指在中国境内有住所，或者虽无住所但在境内居住满一年的个人，应就其源于中国境内、境外的所得，依法缴纳个人所得税；非居民纳税人指在中国境内无住所又不居住或无住所而在中国境内居住不满一年的个人，仅就其来源于中国境内的所得在中国缴纳个人所得税。

(二)应税所得

我国个人所得税制规定的应税所得与“净资产增加说”的主张比较接近，将纳税人的工资薪金、劳务报酬、经营所得、财产租赁所得、财产转让所得等都纳入应税范围。

具体而言，应税所得共分为 12 种类型，包括：①工资薪金所得；②劳务报酬所得；③个体工商户的生产、经营所得；④个人独资企业和合伙企业投资者的生产经营所得；⑤对企事业单位的承包经营、承租经营所得；⑥稿酬所得；⑦特许权使用费所得；⑧利息、股息、红利所得；⑨财产租赁所得；⑩财产转让所得；⑪偶然所得；⑫其他所得。

其中工资、薪金所得和劳务报酬所得的区别在于：工资、薪金所得是属于非独立个人劳务活动，即受各类单位雇佣而得到的报酬；而劳务报酬所得，则是个人独立从事各种技艺、提供各项劳务取得的报酬。

按照 2011 年修订后的税法，各类应税所得的费用扣除标准分别为：①工资、薪金所得，以每月收入额减除费用 3500 元后的余额，为应纳税所得额[①]；②个体工商户的生产、经营所得，以每一纳税年度的收入总额，减除成本、费用以及损失后的余额，为应纳税所得额；③个人独资企业和合伙企业的生产、经营所得，其扣除标准类似于个体工商户的生产、经营所得的费用扣除标准，以每一纳税年度的收入总额减除成本、费用以及损失后的余额，为总的应税所得额，再根据投资者实际分配的比例确定个人的应纳税所得额；④对企事业单位承包经营、承租经营所得，以每一纳税年度的收入总额，减除必要费用后的余额，为应纳税所得额，每一纳税年度的收入总额是指纳

① 其中外籍人员和在境外工作的中国公民还可以享受附加减除费用，目前的标准为 1300 元。

税义务人按照承包、承租经营合同的规定分得的经营利润和工资、薪金性质的所得，减除必要费用，是指按月减除3500元；⑤劳务报酬所得、稿酬所得、特许权使用费所得、财产租赁所得，每次收入不超过4000元的，减除费用800元；4000元以上的，减除20%的费用，其余额为应纳税所得额；⑥财产转让所得，以转让财产的收入额减除财产原值和合理费用后的余额，为应纳税所得额；⑦利息、股息、红利所得，偶然所得和其他所得，以每次收入额为应纳税所得额，没有费用扣除。

除费用扣除外，我国个人所得税制还规定对以下个人所得给予免税[①]：①财政部发行的债券和经国务院批准发行的金融债券利息；②省级人民政府、国务院各部门、军队军以上单位、外国组织和国际组织颁发的科学、教育、技术、文化、卫生、体育和环境保护等方面的奖金；③按照国务院规定发给的政府特殊津贴和国务院规定免税的补贴、津贴；④福利费、抚恤金和救济金；⑤保险赔款；⑥军人的转业费、复员费；⑦按照国家统一规定发给干部、职工的安家费、退职费和退休工资；⑧按照中国有关法律规定应当免税的外国驻华使馆、领事馆的外交代表、领事官员和其他人员的所得；⑨中国政府参加的国际公约、签订的国际协议中规定免税的所得；⑩来源于中国境内储蓄机构的储蓄存款利息，国家财政部门确定的其他专项储蓄存款或者储蓄性专项基金存款（目前包括基本医疗保险基金、基本养老保险基金、失业保险基金和住房公积金4个项目）利息。

（三）税率

我国个人所得税制同样根据应税所得的类型规定了不同的税率，其中对于工资、薪金所得适用3%～45%的7级超额累进税率；对于个体工商户的生产经营所得、个人独资企业和合伙企业投资者的生产经营所得以及对企事业单位的承包承租经营所得适用5%～35%的5级超额累进税率；对稿酬所得，适用比例税率，税率为20%，并按应纳税额减征30%，故实际税率为14%；对劳务报酬所得，适用比例税率，税率为20%，对劳务报酬所得一次收入畸高的，实行加成征收（超过2万元至5万元的部分，加征5成，超

① 参见刘佐和杜莉（2018）。

过5万元的部分加征十成)，所以实际上适用的是20%、30%、40%的3级超额累进税率；对特许权使用费所得、财产租赁所得、财产转让所得、利息、股息、红利所得、偶然所得和其他所得，原则上适用20%的比例税率，但是对储蓄存款利息所得、转让上市公司股票所得、转让个人自用5年以上、并且是唯一的家庭居住用房取得的所得等免税，个人获得上市公司股息红利，持股期限在1个月至1年(含1年)的，实际税率降为10%，持股期限在一年以上的，暂免征收个人所得税。

(四)计税期间

我国个人所得税制规定工资薪金所得按月计税，个体工商户的生产经营所得、对企事业单位的承包经营、承租经营所得以及个人独资企业和合伙企业投资者的所得按年计税，其他所得按次计税，但连续性的劳务报酬所得和财产租赁所得以一个月内取得的收入为一次。

(五)课税模式

我国个人所得税制将应税所得根据收入取得的方式和来源，分成12类，分别适用不同的费用扣除标准和税率，因此采用的是分类个人所得税制模式。

(六)征收方法

我国个人所得税的征收主要采取源泉扣缴的方式，凡支付个人应税所得的单位或个人，都是个人所得税的扣缴义务人，需要在向个人支付应税所得时代扣代缴税款。

但是，我国也规定个人在境外取得所得、在境内两处或两处以上取得工资薪金所得或取得应纳税所得没有扣缴义务人时，应自行向税务机关申报纳税。自2007年1月1日起，年所得12万元以上的纳税人，也要按年到主管税务机关办理纳税申报。

三、现行个人所得税制的主要不足

从我国个人所得税制的发展进程看，我国个人所得税制的调整总体上遵循了了统一税法、降低税负、简化税制的基本思路，这与发达国家个人所得税制的改革趋势是一致的。但是，与发达国家相比，我国个人所得税制开征的时间较短，又受到居民纳税意识不强、征管手段落后等许多客观条件的制约，因此现行的个人所得税制仍存在一些不足。一方面，如前文所述，我国个人所得税制在居民收入再分配方面发挥的作用不大；另一方面，由于个人所得税收入在我国税收收入总额中的比重始终处于较低水平，近年来基本在7%上下波动(参见表12)，远低于OECD国家的平均水平(参见图11)，我国个人所得税在筹集财政收入、调控宏观经济方面的作用也相对较弱。

表12　我国个人所得税占税收收入总额的比重(1996—2016)

年份	税收收入总额(亿元)	个人所得税收入(亿元)	个人所得税收入占总税收收入的比重(%)
1994	5126.88	72.7	1.42
1995	6038.04	131.3	2.17
1996	6909.82	193.2	2.80
1997	8234.04	295.9	3.59
1998	9262.8	338.6	3.66
1999	10682.58	413.66	3.87
2000	12581.51	659.64	5.24
2001	15301.38	995.25	6.50
2002	17636.45	1,211.78	6.87
2003	20017.31	1,418.04	7.08
2004	24165.68	1,737.06	7.19
2005	28778.54	2,094.91	7.28
2006	34804.35	2,453.71	7.05
2007	45621.97	3,185.58	6.98
2008	54223.79	3,722.31	6.86
2009	59521.59	3,949.35	6.64
2010	73210.79	4,837.27	6.61
2011	89738.89	6,054.11	6.75
2012	100614.3	5,820.28	5.78
2013	110530.7	6,531.53	5.91
2014	119175.3	7,376.61	6.19
2015	124922.2	8,617.27	6.90
2016	130353.9	10,088.88	7.74

数据来源：国家统计局网站以及作者计算，其中1994—1998年的个人所得税收入来源于《中国税务年鉴2005》。

四、未来个人所得税制改革的目标模式简析

通过进一步的税制改革克服现行个人所得税制的不足很早就列入了我国财政经济体制改革的日程，1996 年我国《国民经济和社会发展“九五”计划及 2010 年远景目标纲要》中提出“建立覆盖全部个人收入的分类与综合相结合的个人所得税制度”，“十五”规划时将这一目标进行了调整，提出“建立综合与分类相结合的个人所得税制度”。之后的“十一五”“十二五”和“十三五”规划虽然具体表述有所差异，但都坚持将“综合与分类相结合的个人所得税制度”作为个人所得税改革的目标。

表 13　若干重要文件中关于个人所得税制改革的阐述

年份	文件名	关于个人所得税制改革的表述
1996	国民经济和社会发展“九五”计划及 2010 年远景目标纲要	建立覆盖全部个人收入的分类与综合相结合的个人所得税制度
2001	国民经济和社会发展第十个五年计划纲要	建立综合与分类相结合的个人所得税制度
2003	中共中央关于完善社会主义市场经济体制若干问题的决定	改进个人所得税，实行综合和分类相结合的个人所得税制
2006	国民经济和社会发展第十一个五年计划纲要	实行综合和分类相结合的个人所得税制度
2011	国民经济和社会发展第十二个五年计划纲要	逐步建立健全综合与分类相结合的个人所得税制度
2013	中共中央关于全面深化改革若干重大问题的决定	逐步建立综合与分类相结合的个人所得税制
2014	《深化财税体制改革总体方案》	探索逐步建立综合与分类相结合的个人所得税制
2016	国民经济和社会发展第十三个五年计划纲要	加快建立综合和分类相结合的个人所得税制度

来源：中国共产党新闻网中国共产党历次全国代表大会数据库，网址 http://cpc.people.com.cn/GB/64162/64168/index.html

由表 13 可以看出，“综合与分类相结合的个人所得税制度”作为我国个人所得税改革的目标模式基本上是稳定的，但迄今为止，建立“综合与分类相结合的个人所得税制度”的改革尚未取得实质性进展（高培勇、杨志强、王炜、石坚、张斌和蒋震，2017），这说明“综合与分类相结合的个人所得税制度”实施的难度很大，并且实施方案还有待进一步的研究。

第三节　本章小结

20 世纪 80 年代以来，发达国家对个人所得税制的改革和调整频繁发生，体现出一些重要的规律，包括最高边际税率的先降后升、最低边际税率调整方向的分化、税率档次的简并、税收指数化措施的实行等，这些都对我国个人所得税制的调整有重要的参考意义。

我国自 1980 年开征个人所得税以来，经历了税种的分立和合并、费用扣除标准的调整、税率结构的调整、自行申报范围的扩大等多次改革。其中 1994 年的税制改革通过统一税法建立了现行个人所得税制的基本模架，但现行个人所得税制实行分类所得税制模式，在筹集财政收入、调节居民收入分配以及促进宏观经济稳定等方面的作用还比较弱。我国已经确立"分类和综合相结合的个人所得税制"作为个人所得税制改革的目标模式，但改革尚未取得显著进展，因此我国个人所得税制进一步优化的途径还有待深入研究。

第三章 个人所得税再分配效应的测算方法

本章将通过对不同不均等指标的介绍和比较分析，充分论证选择不同的不均等指标对于个人所得税再分配效应测度将产生的影响，并在此基础上提出本书对个人所得税再分配效应的测算方法。

第一节 测度收入分配不均等的指标

由于个人所得税的再分配效应等价于税后所得（或收入）相对于税前所得（或收入）不均等状况减弱的程度，对个人所得税再分配效应测算方法的选择在一定程度上也就相当于对收入分配不均等的衡量指标的选择[①]。

收入分配不均等的衡量是经济学、社会学、统计学等许多学科共同关心的问题，众多学者在这一领域长期探索，发展出了许多重要的指标。为了引出本书将采用的不均等指标，本节将对几个重要的不均等指标以及不均等

① 广义地说，个人所得税的再分配效应应包括两个方面，即均等化效应和反极化效应。其中均等化效应衡量个人所得税使居民家庭的税后所得的分布比税前所得更为均等的程度，而反极化效应衡量个人所得税减弱居民家庭收入两极分化的程度。考虑到均等化效应是个人所得税再分配效应的主要方面，本书的研究集中分析均等化效应。同时，需要说明，本书所称的再分配效应是基于当前居民收入差距过大的背景，将收入分配不均等程度减弱视为再分配效应改善，并不意味着收入在全体社会成员中平均分配的绝对平均主义是最理想的收入分配状态。

指标的选择标准进行简要介绍。

一、收入分配不均等测度的对象:收入及其口径

个人或家庭的经济状况既可体现为拥有收入的多少,也可体现为拥有财富的多少。广义来说,分配的不均等不仅包括收入分配的不均等,也包括财富分配的不均等,并且财富分配的不均等对社会公平正义的影响也非常重要。但是,由于个人所得税的课税对象是个人所得,本书仅涉及收入分配的不均等问题。

为了对收入分配的不均等进行度量,首先必须明确度量对象的定义和口径。事实上,前文在讨论个人所得税的税基时已经涉及收入的定义和口径问题,但是,为测度收入分配不均等而定义的收入并不能等同于为确定个人所得税税基而定义的收入,后者将加入现实的税收征管的考虑,相对而言,前者将更多反映价值判断的需要,具体地说,需要回答以下方面的问题:

第一,度量对象除个人赚取的现金收入(如工资薪金、经营所得等)之外,是否包括个人从政府获取的转移支付、从公共教育、医疗卫生等一般财政支出中获得的利益以及从养老保险等社会保障项目中获得的利益,是否包括实物福利、自有住房推定租金以及未实现的资本利得等项目?

第二,度量单位是家庭还是个人?如果是个人,是否包括儿童和老人?如果是成年人,是否考虑子女情况?如果是家庭,如何处理家庭人口规模和结构的差异?

第三,度量的收入是月度收入、年度收入还是终生收入?如果是终生收入,采用何种方法推算终生收入?

对上述问题的回答,主要取决于研究的目的,同时也取决于可获得的数据。比如世界银行发布的跨国收入分配数据就仅提供一个国家不同收入组家庭的年度收入数据,并不提供月度收入的信息,也不提供每个家庭乃至家庭中每个成员的收入信息,这就在很大程度上约束了收入不均等测算的可能对象。另一方面,对于包含家庭收入信息的微观数据来说,也往往存在高收入组家庭和低收入组家庭样本缺乏以及受访对象低报收入和漏报实物收入、灰色收入等问题。

本书的主要数据来源是2010年到2012年的中国国家统计局城镇住户调查数据，其中包含了详尽的家庭成员月度收入信息，因此，可供开展月度或年度以及以家庭收入或个人收入为测算对象的多个口径的研究分析。针对受访对象低报收入的问题，本书也将试图通过推算隐性收入的办法加以解决。

二、关于收入分配及不均等指标的设定

出于下文分析的方便，我们假定社会中有 n 个个体，以 y 表示个体收入，且将个体的收入由高到低排序，则这 n 个个体的收入分别记为 y_1、y_2、…、y_n，且

$$y_1 \geqslant y_2 \geqslant \cdots \geqslant y_n \tag{5}$$

列 $\{y_1, y_2, \cdots, y_n\}$ 代表一个收入分配状态，其中收入的均值记为 $\bar{y}$，

$$\bar{y} = \frac{1}{n}\sum_{i=1}^{n} y_i \tag{6}$$

若以 $I\{y_1, y_2, \cdots, y_n\}$ 作为衡量收入分配不均等状况的指标，则

$$I\{\widetilde{y_1}, \widetilde{y_2}, \cdots, \widetilde{y_n}\} > I\{\widehat{y_1}, \widehat{y_2}, \cdots, \widehat{y_n}\} \tag{7}$$

时，我们称收入分配 $\{\widetilde{y_1}, \widetilde{y_2}, \cdots, \widetilde{y_n}\}$ 比 $\{\widehat{y_1}, \widehat{y_2}, \cdots, \widehat{y_n}\}$ 有更大的不均等。

标准化的不均等指标的取值一般在0和1之间，0代表完全均等（所有家庭的收入都相等），1代表完全不均等（所有收入由一个家庭获得）。

三、基于变量描述性统计的不均等指标

取值在0和1之间的不均等指标对于不均等状况的横向和纵向比较十分有益，但在讨论这些指标之前，有必要先介绍基于变量描述性统计的主要不均等指标，这些指标有助于我们直观形象地了解收入分配的特征。

（一）极差、分位差

极差（range）是描述收入分配不均等状况的最简单的指标，含义是最高收入与最低收入的差，即

$$R = y_{\max} - y_{\min} \tag{8}$$

为了使测算结果不受度量单位和收入规模的影响，也可以对极差进行

标准化处理，即采用以下公式

$$R=\frac{y_{\max}-y_{\min}}{n\bar{y}} \tag{9}$$

极差的缺陷是显而易见的，即其对两极之间的收入分配特征完全不敏感，在收入分配的最高值和最低值不变的情况下，如果一个收入分配状态下多数家庭的收入靠近最高值，而另一个收入分配状态下多数家庭的收入靠近最低值，按照极差指标判断这两个收入分配状态完全相同，这一结果显然不能令人满意。

分位差是和极差相似的指标，只不过它关心的不是收入分布的最高值和最低值之间的差距，而是处于不同分位数的收入值之间的差异，例如 p5 和 p50 分别代表收入由低到高排序时前 5%和前 50%的家庭的最高收入，则 p50/p5 这一指标可以反映中等收入家庭和低收入家庭的收入差距，类似地，p95/p50 这一指标可以反映高收入家庭和中等收入家庭的收入差距，p75/p25 这一指标可反映中等收入阶层内部的收入差距，等等。由于分位差指标可以选择不同的分位数，因此比极差指标更为灵活，应用也更为广泛。

(二)方差、标准差和变异系数

方差(variation)是衡量收入分布总体离散程度的一个常用指标，其含义为每个个体的收入相对于平均收入的离差平方和的均值，公式为

$$V=\frac{1}{n}\sum_{i=1}^{n}(y_i-\bar{y})^2 \tag{10}$$

方差的平方根即标准差(standard variation)，以字母 σ 表示。标准差再除以均值即可得到变异系数(coefficient of variation)，公式为

$$CV=\frac{\sqrt{V}}{\bar{y}}=\frac{\sigma}{\bar{y}} \tag{11}$$

(三)偏度和峰度

偏度(skewness)反映的是收入分布围绕均值对称的程度，其公式为

$$s=\frac{\frac{1}{n}\sum_{i=1}^{n}(y_i-\bar{y})^3}{\sigma^3} \tag{12}$$

当偏度取值为 0 时，个体收入围绕均值呈对称分布，当偏度取值为正时，收入分布呈右偏，即有一条长尾拖在右边，偏度取值为负时，收入分布呈左偏。

峰度(kurtosis)反映收入分布在中位数附近集中的程度或分布尾部的厚度，其公式为

$$k=\frac{\frac{1}{n}\sum_{i=1}^{n}(y_i-\bar{y})^4}{\sigma^4} \tag{13}$$

当收入分布呈正态分布时，峰度取值为 3，当收入分布在中位数附近更为集中，或尾部更薄时，峰度大于 3，反之，当收入分布的尾部更厚时，峰度小于 3。

图 14 反映了国家统计局城镇住户调查数据中 2010 年到 2012 年上海、辽宁、广东、四川四省市样本家庭①人均年收入的概率密度曲线，其中与各收入水平相对应的概率密度反映了各收入取值的相对频率，通过概率密度曲线，我们可以直观地看出收入分布的中心位置、分布的离散程度、分布的偏度(对称、左偏还是右偏)以及分布在中心和尾部集中的情况。

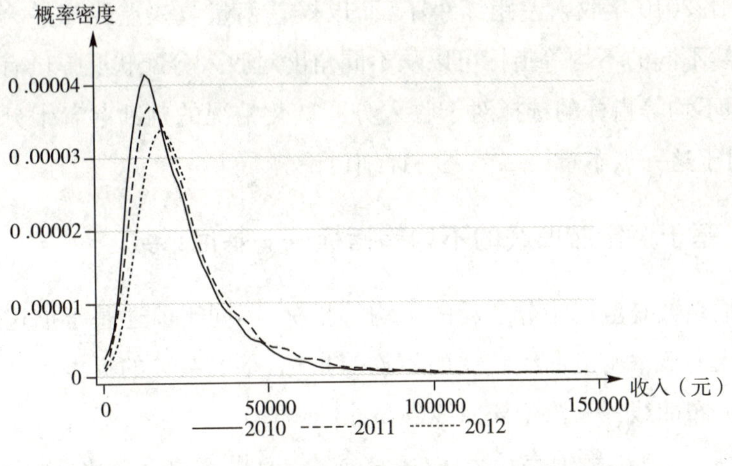

图 14　我国四省市城镇样本家庭人均年收入的分布情况(2010—2012)

资料来源：国家统计局城镇住户调查数据和作者测算。

① 本样本的详细信息将在第四章第二节进一步介绍。出于展示的目的，本图截去了人均年收入超过 10 万元的样本家庭。

同时，我们测算了与图 14 所示收入分布相对应的均值、极差、分位差、标准差、变异系数、偏度和峰度等统计指标①，以显示这些指标反映收入分配变化情况的结果，见表 14。

表 14　我国四省市城镇样本家庭人均年收入分布的统计指标(2010—2012)

指标	2010 年	2011 年	2012 年
均值(元)	22798.24	25274.01	28822.16
极差(万元)	14.54	14.84	14.75
分位差(p50/p5)	2.93	2.93	2.68
分位差(p95/p50)	2.82	2.86	2.68
分位差(p75/p25)	2.31	2.28	2.16
标准差(元)	16116.03	17524.69	18568.60
变异系数	0.71	0.69	0.64
偏度	2.23	2.06	1.97
峰度	11.14	9.36	8.92

可以看出，随着时间的推移，样本家庭的平均收入水平逐步上升，但是以不同指标衡量的收入差距的变化情况却不尽一致，比如以变异系数衡量 2011 年比 2010 年收入差距缩小了，而以极差衡量收入差距却扩大了。这说明虽然不同的不均等指标可以从不同角度对收入分配状况提供有价值的信息，但不均等指标的选择对于收入分配变化情况的判断起着十分重要的作用，对于这一点本章第二节还将详细讨论。

四、基于洛伦兹曲线的不均等指标——基尼系数

基尼系数是应用十分广泛的不均等指标，不同于前述基于描述性统计且与收入的概率密度曲线相关的不均等指标，基尼系数的提出是基于另一种收入分布曲线——洛伦茨曲线(Lorenz curve)。

如图 15，其中横轴表示个体(家庭或个人)累计的百分比(将全部个体由穷到富累计，如 5%代表最穷的 5%的个体)，纵轴为收入累计的百分比，

① 本书各项不均等指标的测算以及相关统计图表的绘制运用了 Stata 12.0 软件和世界银行开发的 DASP2.0 程序包(Araar 和 Duclos，2007)，涉及的主要命令见附录六。

然后根据所考察的国家或地区一定百分比的个体所获得的收入占全部个体获得的总收入的百分比的实际情况，在图中描出一系列的点，将这些点连接起来，得到图中的一条D线，这就是洛伦兹曲线。

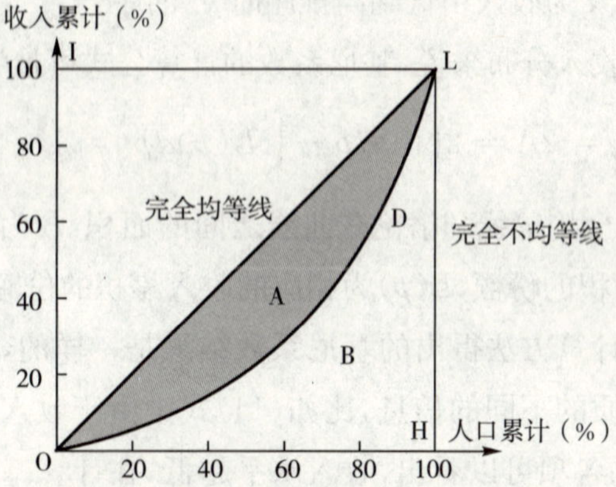

图15 洛伦茨曲线

图15中OL为完全均等线，代表收入在全部家庭或个人中平均分配。而实际洛伦茨曲线D线显示，收入最低的20%的家庭或个人所得到的收入占社会总收入的比例不到5%，而80%的家庭或个人只得到50%左右的收入。显然，洛伦茨曲线越向横轴突出，与完全均等线之间的面积A越大，表明收入差距越大。当收入分配完全不均等，最富的家庭或个人获得全部收入而其他社会成员一无所有时，洛伦茨曲线就成为折线OHL，称为完全不均等线。设完全均等线和洛伦茨曲线之间的面积（即图中阴影部分面积）为A，完全不均等线和完全均等线之间的面积为$A+B$，又令G代表基尼系数，则$G=A/(A+B)$。基尼系数的取值在0到1之间，实际值越大代表收入分配越不均等。

基尼系数的计算方法很多，对于离散的收入分布来说，可以采用的公式有：

$$G = 1 + (1/n) - (2/n^2\bar{y}) \cdot [y_1 + 2y_2 + \cdots + ny_n] \qquad (14)$$

$$(y_1 \geqslant y_2 \geqslant \cdots \geqslant y_n)$$

$$G = \frac{\sum_{1 \leqslant j < i \leqslant n}^{n} |y_i - y_j|}{n(n-1)\bar{y}} \qquad (15)$$

或

$$G=\frac{2}{n}\sum_{i=1}^{n} y_i\cdot i-\frac{n+1}{n} \tag{16}$$

在(16)式中，i 为收入由低到高排序时 y_i 的序号。

对于连续的收入分布来说，基尼系数的计算公式可推导如下：

$$G=\frac{A}{A+B}=2A=2\left(\int_0^1 p dp-\int_0^1 L(p)dp\right)=1-2\int_0^1 L(p)dp \tag{17}$$

其中 A 为完全均等线和洛伦兹曲线之间的面积，B 为洛伦兹曲线下的面积，p 为个体累积的份额，$L(p)$ 为相应的收入累积的份额。

上述由不同计算方法得出的基尼系数结果是一样的，但是可以传递出关于基尼系数性质的不同的信息，比如(14)式中由于收入是由高到低排序的，由方括号中的各项可以看出，收入水平越低，在计算基尼系数时其权重越高，因此基尼系数对于收入分布底部的变化更为敏感。

五、基于社会福利函数的不均等指标——阿特金森指数

以上介绍的不均等指标都着眼于对社会收入分配的不均等情况进行客观的度量，但是社会实际的收入分配状况与绝对平均分配的状况相比究竟有多大差距，往往还取决于人们对不均等状况的价值判断。阿特金森指数就是将社会对于收入分配不均等状况的价值判断纳入考虑，以社会福利函数为基础推导出的不均等指标。

社会福利函数是将一定的社会福利水平赋予每一个可能的收入分配状态的函数，其一般形式为：

$$W=W(y_1,y_2,\cdots,y_n) \tag{18}$$

其中 W 代表社会福利，$y_1,y_2,\cdots,y_n$ 代表社会成员的收入水平。

一般认为，社会福利函数具有以下的性质是合乎情理的：

第一，它是收入的非减函数，即收入增加时社会福利也应增加，则当社会中有两个成员 A 和 B 时，有

$$\text{当}\, y_B\geqslant y_A\,\text{时},W_B\geqslant W_A \tag{19}$$

第二，它是对称的，即对社会成员不存在歧视，因此有

$$W(y_1,y_2,\cdots y_n)=W(y_2,y_1,\cdots y_n) \tag{20}$$

第三，它由社会成员的效用水平加总得到，且每个社会成员的效用函数相同，因此有

$$W(y_1, y_2, \cdots y_n) = \sum_{i=1}^{n} U_i(y_i) = \sum_{i=1}^{n} U(y_i) \tag{21}$$

第四，效用函数是严格凹的，以反映收入的边际效用递减规律，因此有

$$U'(y_i) = \frac{dU(y_i)}{d\,y_i},\ U'(y_i) < 0 \tag{22}$$

第五，效用函数具有常数弹性，即收入变化导致的效用变化的百分比对于收入水平不同的社会成员是一致的，设该弹性值为 ε，则下述效用函数具有这一良好性质。

$$U(y_i) = \frac{{y_i}^{1-\varepsilon} - 1}{1-\varepsilon}, \varepsilon \geqslant 0, \varepsilon \neq 1 \tag{23}$$

可以推出该效用函数相对于收入的弹性的表达式

$$\eta = \frac{\dfrac{U''}{U'}}{\dfrac{dy}{y}} = \varepsilon dy \tag{24}$$

其中弹性值 ε 也被称为不平等厌恶参数（inequality aversion parameter）。如图 16 所示，ε 的取值越大，与(23)式对应的收入的边际效用曲线越陡峭，收入的边际效用递减的速度越快，高收入者对于总体社会福利的贡献越小，同时，通过将收入从高收入者转移到低收入者社会福利的总体增进越大。因此，ε 可以作为反映全社会对于不均等状况的价值判断的一个指标。

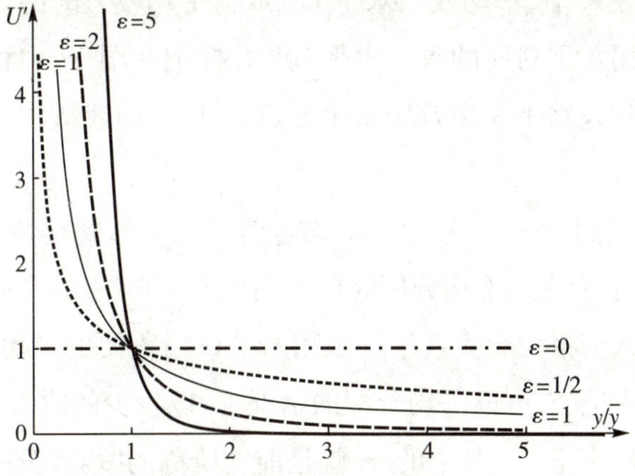

图 16　不平等厌恶参数取值与收入边际效用递减

基于上述对于社会福利函数的设定，可以测算得到“均等分配等价收入”(equally distributed equivalent income)，实际平均收入一般是大于“均等分配等价收入”的，阿特金森指数就是1减去“均等分配等价收入”和平均收入的比值。同基尼系数一样，阿特金森指数的取值也在0和1之间，且越接近于1，反映实际收入分配状况越不均等。

我们可以借助图17来理解“均等分配等价收入”的含义，上图和下图分别为社会成员收入水平的概率密度曲线和与这一收入分布相对应的社会成员效用水平的概率密度曲线。

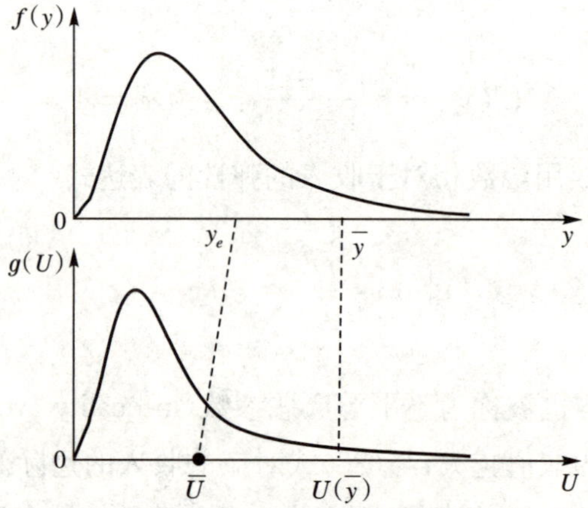

图17　均等分配等价收入

基于社会中实际的收入分布情况和社会福利函数的设定，容易得到社会成员的平均收入 $\bar{y}$、平均效用水平 $\bar{U}$、取得平均收入时的效用水平 $U(\bar{y})$ 以及与平均效用水平对应的收入水平 y_e，并标记在图17中相应的位置，图中虚线反映了收入水平 $\bar{y}$ 和效用水平 $U(\bar{y})$ 对应，而收入水平 y_e 与效用水平 $\bar{U}$ 对应的关系。

显然，当社会中的收入分配并不均等时，一方面，社会成员的实际平均效用水平 $\bar{U}$ 将小于收入平均分配时的效用水平 $U(\bar{y})$；另一方面，社会成员的实际平均收入 $\bar{y}$ 将大于实现平均效用水平 $\bar{U}$ 所需要的平均分配的收入水平 y_e，换言之，在收入可以平均分配的情况下，以较少的收入 y_e 就可以实现当前的平均效用水平 $\bar{U}$，其中的 y_e 就是前文所称的“均等分配等价收入”。

根据(23)式所示的效用函数，通过推导，可以得到阿特金森指数的如下表达式：

$$A^{\varepsilon}=1-\frac{y_e}{\bar{y}}=1-\frac{U^{-1}(\bar{U})}{\bar{y}}=1-\left[\frac{1}{n}\sum_{i=1}^{n}\left[\frac{y_i}{\bar{y}}\right]^{1-\varepsilon}\right]^{\frac{1}{1-\varepsilon}} \tag{25}$$

其中 $\bar{U}$ 为现有收入分配状况下的平均效用水平，$U^{-1}(\bar{U})$ 为通过将收入平均分配实现这一效用水平时的人均收入水平，即 y_e，y_e 低于 $\bar{y}$，差距越大，A^{ε} 越大，表明现有的收入分配状况越不均等。

可以看出，y_e 的取值与不均等厌恶参数 ε 有关，当 $\varepsilon=0$ 时，"均等分配等价收入"就是平均收入，对于任何的收入分布状况，A^{ε} 均为零，表明社会对收入分配不均等漠不关心，而 ε 取值为正时，ε 越大，社会成员再分配的愿望越强烈，y_e 就越小，A^{ε} 越大①。更一方面，ε 越大时，A^{ε} 值对收入分布底部的变化也越敏感。

六、基于信息理论的不均等指标——广义熵指数

熵是信息理论中的一个概念，它通过衡量不确定性来反映信息量的大小。现实生活中，为了解清楚一件非常不确定的事，我们需要大量的信息，而如果某件事已经比较确定，则不需要太多的信息就能把它了解清楚，因此，一条信息的不确定性越大，信息量越大。

若一个随机变量能够以概率 $p_1,\cdots,p_n$ 取 n 个可能值之一，则该随机变量的熵定义为

$$H(p_1,\cdots,p_n)=-\sum_{i=1}^{n}p_i\log_2 p_i \tag{26}$$

如果该随机变量确定取某个值，即该结果出现的概率为 1(其他结果出现的概率均为 0)，则根据(26)式，熵的取值为 0，表明该随机变量包含的信息量最小。而如果该随机变量每个可能的取值出现的概率是相同的，则熵的取值最大，反映该随机变量包含的信息量最大。

以投币实验为例，该实验可能出现两个结果，正面朝上或反面朝上，每

① ε 为 1 时，阿特金森指数的表达式可通过求极限的方式得到，为 $A^{\varepsilon}=1-\left(\prod_{i=1}^{n}\left(\frac{y_i}{\bar{y}}\right)\right)^{\frac{1}{n}}$。

一个结果出现的概率都是 0.5，于是可计算得到熵的取值：

$$H(0.5,0.5)=-0.5\log_2 0.5-0.5\log_2 0.5=1 \quad (27)$$

可以证明，对于一个可能出现两种结果的实验，若两种结果出现的概率分别为 p 和 $(1-p)$，当两种结果出现的概率相同，即 $p=0.5$ 时，熵的值最大。推而广之，当一个随机变量的 n 个结果出现的概率均等时，该随机变量的熵最大，反映其信息量最大。

根据相同的思路，若有 n 个个体，其收入分别为 $y_1,\cdots,y_n$ ，$\bar{y}$ 为平均收入，个体 i 的收入份额为 $s_i=y_i/n\bar{y}$ ，且 $\sum_{i=1}^{n} s_i=1$ ，则可将这些份额当成概率来处理，得到

$$H(s_1,\cdots,s_n)=-\sum_{i=1}^{n} s_i\ln s_i \quad (28)$$

由此可以利用收入在个体间完全均等分配时得到的熵与实际分配时得到的熵的差来衡量某一收入分配状况的不均等程度，这一指标就是著名的泰尔指数：

$$T=H(1/n,\cdots,1/n)-H(s_1,\cdots,s_n) \quad (29)$$

整理可得

$$T=-\sum_{i=1}^{n}\frac{1}{n}\ln\frac{1}{n}+\sum_{i=1}^{n}\frac{y_i}{n\bar{y}}\ln\frac{y_i}{n\bar{y}}=\frac{1}{n}\sum_{i=1}^{n}\frac{y_i}{\bar{y}}\left[\ln\left(\frac{y_i}{\bar{y}}\right)\right] \quad (30)$$

与基尼系数相似，泰尔指数的值越大也说明分配越不均等。

Cowell(2011)将泰尔指数一般化，给出了广义熵指数的一般表达式：

$$GE_\theta=\frac{1}{\theta^2-\theta}\left[\frac{1}{n}\sum_{i=1}^{n}\left(\frac{y_i}{\bar{y}}\right)^\theta-1\right] \quad (31)$$

其中最重要的修正在于引入敏感性参数 θ，其取值可以是任意实数。泰尔指数就是当 θ 趋近于 1 时广义熵指数的极限值。另两个特殊的 θ 取值为 0 和 2，当 θ 为 0 时，同样可以通过求极限的方式得到广义熵指数的表达式

$$GE_0=\frac{1}{n}\sum_{i=1}^{n}\ln\left(\frac{y_i}{\bar{y}}\right) \quad (32)$$

当 θ 为 2 时，广义熵指数可表达为变异系数 CV 的一种单调变换，即

$$GE_2=\frac{1}{2n}\left[\sum_{i=1}^{n}\left(\frac{y_i}{\bar{y}}\right)^2-1\right]=\frac{1}{2}\left(\left[\frac{\sqrt{\sum_{i=1}^{n}(y_i-\bar{y})^2}}{\bar{y}}\right]\right)^2=\frac{1}{2}CV^2 \quad (33)$$

除变异系数外，广义熵指数与阿特金森指数也有密切的联系。设$\theta=1-\varepsilon$并将其代入(31)式，则可看出，当$\theta<1(\varepsilon>0)$时，根据广义熵指数和阿特金森指数对均值相同的收入分布的不均等状况进行排序的结果是相同的，即对应于不平等厌恶指数ε不同取值的每一个阿特金森指数，都一个排序上等价的广义熵指数。但是，由于广义熵指数中的敏感性参数θ可以取大于1的值，而阿特金森指数中的ε不能小于0(参见(23)式)，因此，并非每个广义熵指数都有一个等价的阿特金森指数。

在敏感性参数具有广泛取值范围的情况下，广义熵指数可以实现对高、中、低不同收入阶层的收入变化具有不同的敏感度。

为了分析不同阶层的收入水平变动对广义熵指数的影响，我们根据广义熵指数的一般定义，构造如下函数

$$F(y)=\frac{1}{n(\theta^2-\theta)}\left(\frac{y}{\bar{y}}\right)^{\theta} \tag{34}$$

于是，当由分布当中的某一个y值向另一个值转移$c(c>0)$时，广义熵指数的变化量可以表示为

$$\Delta GE=F'(y)-F'(y-c) \tag{35}$$

通过求$F(y)$对y的导数，可得

$$\Delta GE=\frac{1}{n(\theta-1)\bar{y}^{\theta}}\left[y^{\theta-1}-(y-c)^{\theta-1}\right] \tag{36}$$

将上式继续对y求导，可得

$$\frac{\partial(\Delta GE)}{\partial y}=\frac{1}{n\bar{y}^{\theta}}\left[y^{\theta-2}-(y-c)^{\theta-2}\right] \tag{37}$$

根据式(37)，当$\theta>2$时，$\frac{\partial(\Delta GE)}{\partial y}>0$；$\theta<2$时，$\frac{\partial(\Delta GE)}{\partial y}<0$；$\theta=2$时，$\frac{\partial(\Delta GE)}{\partial y}=0$，由此我们可推知：当$\theta$大于2时，个体收入与广义熵指数的变化正相关，故广义熵指数对高收入阶层的收入变化更为敏感；θ小于2时，个体收入与广义熵指数的变化负相关，故广义熵指数对低收入阶层的收入变化更为敏感；θ等于2时，个体收入与广义熵指数的变化不相关，故广义熵指数对各个阶层的收入变化同样敏感。

我们还可以根据(37)式进一步讨论 $\frac{\partial(\Delta GE)}{\partial y}$ 随 θ 而变化的性质，其中 $\frac{1}{n\bar{y}^{\theta}}$ 当 θ 大于 0 时，是 θ 的增函数，当 θ 小于 0 时，是 θ 的减函数，$[y^{\theta-2}-(y-c)^{\theta-2}]$ 当 θ 大于 2 时，是 θ 的增函数，当 θ 小于 2 时，是 θ 的减函数。由此可知，当 θ 大于 2 时，θ 取值越大，处于收入分布顶部的收入值对测算结果的影响越大；θ 小于 0 时，θ 取值越小，处于收入分布底部的收入值对测算结果的影响越大；当 θ 在 0 和 2 之间时，θ 取值变化的影响不确定。

对于 θ 取值为 0 和 1 的两种特殊情况，可按上述同样的思路得到相似的结论，此处证明从略。

第二节　不均等指标的选择

上文所述的多种不均等指标可以从不同的角度给出关于收入分配不均等状况的有价值的信息，但从个人所得税再分配效应的测算看，还需要对这些指标进行进一步的比较分析，从而从中选出更适合我们研究目的的指标。

一、不均等指标选择的原则

关于不均等指标的选择原则，Cowell(2011)以及 Hao 和 Naiman (2010)，等将其概括为五个方面，分别为尺度无关性、人口无关性、弱转移原则、强转移原则和可分解性。

(一)尺度无关性

尺度无关性(scale invariance)指不均等指标只衡量收入分配不均等的程度，其取值不受总收入规模的影响。即蛋糕是否变大，不影响对蛋糕分配的均等程度的测算结果[①]。

① 当然，也有学者认为对于同样的不均等程度，当收入规模更大时应认为收入分配状况更优，广义洛伦茨曲线就是按此思路得到的分析工具(参见 Lambert，2001)，但这方面的讨论超出了本书的研究范围。

(二)人口无关性

人口无关性(population invariance)指不均等指标的取值与样本量无关,比如当测算收入分配不均等状况时涉及的人口规模增加一倍,而新增人口的收入分配状况与原来人口的收入分配状况相同时,针对人口规模扩大后的新样本得到的不均等程度测算结果应是不变的。

(三)弱转移原则

弱转移原则(weak principle of transfers)指当收入由富人向穷人转移时,不均等指标的取值应下降。Sen 和 Foster(1973)认为这是任一不均等指标应满足的最低限度的性质。

(四)强转移原则

弱转移原则关注的是由不均等指标得到的对收入分配不均等状况的排序情况,而强转移原则还关注不均等指标的取值,它要求收入"差距"相同的富人和穷人之间的收入转移所带来的不均等指标的下降应相同。其中的收入"差距"可定义为富人和穷人收入份额的绝对差距(s_1-s_2)、相对差距(s_1/s_2),以及对数差距($\log(s_1/s_2)$)等多种形式。

(五)加和可分解性

加和可分解性要求总体的不均等指标取值可以表示为其中的各个分组的不均等指标取值的和。因此,不应存在分组的不均等指标上升而总体的不均等指标下降的情况。

一般认为,尺度无关性、人口无关性和弱转移原则是良好的不均等指标应满足的基本要求,而强转移原则及加和可分解性的要求相对严格,可根据研究的需要进行取舍。

二、对主要不均等指标的比较分析

为了显示不同不均等指标的差异性,以下我们以五种假定的典型收入分配状态为例,分别计算了不同指标的取值(如表 15 所示),其中五种收入分配状态下收入的均值相同,但是在收入分布的底部、中部以及顶部的内部差距方面存在差异。

表 15　五种典型收入分配状态的不均等指标测算结果

A. 五种收入分配状态

个体序号	个体收入				
	分配 1	分配 2	分配 3	分配 4	分配 5
1	20	10	20	20	10
2	20	20	20	20	20
3	20	30	20	20	30
4	50	50	40	50	40
5	50	50	50	50	50
6	50	50	60	50	60
7	80	80	80	70	70
8	80	80	80	80	80
9	80	80	80	90	90

B. 不均等指标测算结果

指标	分配 1	分配 2	分配 3	分配 4	分配 5	不均等排序
均值	50	50	50	50	50	1=2=3=4=5
极差	60	70	60	70	80	5>2=4>3=1
分位差(p50/p5)	2. 5000	5. 0000	2. 5000	2. 5000	5. 0000	5=2>4=2=1
分位差(p95/p50)	1. 6000	1. 6000	1. 6000	1. 8000	1. 8000	5=4>3=2=1
分位差(p75/p25)	4. 0000	2. 6667	4. 0000	3. 5000	2. 3333	1=4>3>2>5
标准差	25. 9808	26. 4575	26. 4575	26. 4575	27. 3861	5>2=3=4>1
变异系数	0. 51962	0. 52915	0. 52915	0. 52915	0. 54772	5>2=3=4>1
偏度	0. 0000	−0. 1289	0. 0000	0. 1289	0. 0000	
峰度	1. 5000	1. 7105	1. 4005	1. 7105	1. 7700	
基尼系数	0. 2667	0. 2765	0. 2765	0. 2765	0. 2963	5>2=3=4>1
$A^{0.5}$	0. 0673	0. 0765	0. 0694	0. 0683	0. 0797	5>2>3>4>1
A^{1}	0. 1382	0. 1653	0. 1421	0. 1397	0. 1706	5>2>3>4>1
A^{2}	0. 2727	0. 3591	0. 2776	0. 2739	0. 3637	5>2>3>4>1
GE_{-4}	0. 6203	3. 7013	0. 6254	0. 6205	3. 7067	5>2>3>4>1
GE_{-2}	0. 2578	0. 5407	0. 2626	0. 2585	0. 5462	5>2>3>4>1
GE_{-1}	0. 1875	0. 2801	0. 1921	0. 1886	0. 2858	5>2>3>4>1

续表

指标	分配 1	分配 2	分配 3	分配 4	分配 5	不均等排序
GE_0	0.1488	0.1807	0.1533	0.1505	0.187	5>2>3>4>1
GE_1	0.1285	0.1401	0.1330	0.1313	0.1474	5>2>3>4>1
GE_2	0.1200	0.1244	0.1244	0.1244	0.1333	5>2=3=4>1
GE_4	0.1272	0.1279	0.1317	0.1386	0.1438	5>4>3>2>1

注：$A^{0.5}$、A^1、A^2分别为不平等厌恶参数取值为0.5、1和2时的阿特金森指数；GE_{-4}、GE_{-2}、GE_{-1}、GE_0、GE_1、GE_2 和 GE_4 分别代表敏感性参数取值为－4、－2、－1、0、1、2和4时的广义熵指数。

由表15(A)可以看出，分配1与分配2、分配3和分配4相比，都发生了收入由富人向穷人的转移，根据弱转移原则，分配2、分配3和分配4的不均等指标取值均应高于分配1，从表15(B)中各项不均等指标测算结果看，极差、分位差、偏度和峰度指标都不符合这一要求。另一方面，标准差的取值明显受到收入规模的影响，不符合尺度无关性的要求。

除极差、分位差、偏度、峰度和标准差外，我们发现基尼系数、变异系数、阿特金森指数，广义熵指数都满足弱转移原则。同时，由这些指标的数学形式可知，它们也满足尺度无关性和人口无关性，因此这些指标都是可供选择的衡量个人所得税再分配效应的基础指标。

但是，我们也看到，对于分配2、分配3和分配4，这些指标给出了不同的排序，反映出其背后的价值判断存在差异。由于从不均等状况排序看，变异系数和阿特金森指数都等价于一定的敏感性参数取值下的广义熵指数，因此，以下我们着重针对基尼系数和广义熵指数展开进一步的比较分析。

三、对基尼系数和广义熵指数的进一步比较分析

基尼系数是应用广泛的不均等指标，也是衡量个人所得税再分配效应的传统的基础指标，但是基尼系数在这一领域的应用也存在一定的局限性，主要是基尼系数不具有良好的结构敏感性，不能充分反映针对收入分布的不同部分进行再分配的政策效果。

Atkinson(1985)、Sen 和 Foster(1973)等学者很早就指出仅根据基尼系数这一指标来衡量收入分配的不均等程度是有缺陷的。比如,对于一对收入分配状态 x 和 y,只有 x 比 y“洛伦兹占优”,即 x 的洛伦兹曲线处处高于 y 的洛伦兹曲线时,才能肯定 x 比 y 更均等,为此需要综合考察对于收入分布的底部、中部和顶部敏感的不同不均等指标的值(Hao 和 Naiman,2010)。

根据 Sen 和 Foster(1973)给出的定义,离散分布的基尼系数的计算公式可以表示为:

$$G = 1 + (1/n) - (2/n^2\bar{y}) \cdot [y_1 + 2y_2 + \cdots + ny_n], y_1 \geqslant y_2 \geqslant \cdots \geqslant y_n \tag{38}$$

由方括号中的各项可以看出,收入水平越低,其权重越高,因此基尼系数对于收入分布底部的变化更为敏感,仅凭基尼系数无法判断一个收入分配状态相对于另一个收入分配状态是否“洛伦兹占优”。

根据表 15 中展示的运用不同指标对五种典型收入分配状态的不均等程度进行测算的结果,容易看出,基尼系数不能充分反映不同收入分配状态的差异,比如分配 3 中等收入的人群有较大的不均等,分配 4 高收入人群有较大不均等,但这两种分布的基尼系数却完全相同。

相反,以广义熵指数衡量时,则可以根据敏感性参数的不同取值对收入差距的情况作出更准确的判断。如前所述,广义熵指数的敏感性参数 大于 2 时取值越大,则总体的不均等值越更多体现顶部的不均等,而 小于 0 时取值越小,则总体的不均等值越更多体现底部的不均等。表 15 中的结果显示,分配 2、分配 3 和分配 4 根据敏感性参数为 4 的广义熵指数(GE_4)排序时分配 4 最不平等,而根据敏感性参数为 4 的广义熵指数(GE_{-4})排序时分配 2 最不平等,恰好反映了分配 4 和分配 2 分别是收入分布的顶部和底部更不均等的实际情况。

当然,基尼系数对收入分布的底部更为敏感的特性在表 15 中没有充分地体现出来,因为基于基尼系数对不平等状况进行衡量时,分配 2、分配 3 和分配 4 的结果是完全相同的。这主要是因为基尼系数还有另一个特性,即当高收入者向低收入者进行一定量的收入转移时，转移后基尼系数的变化只取决于发生收入转移的高收入者和低收入者在收入分布中排序的差距[①]，而与转移者和被转移者的收入水平无关。我们可以将表 15 中的分配 1 看成在分配 2、分配 3 或分配 4 基础上进行从高收入者向低收入者的转移形成的，其中发生转移的高收入者和低收入者在收入分布中排序的差距相同，都是相隔一个个体，并且都是转移了 10 单位的收入，因此，按基尼系数衡量时，分配 2、分配 3、分配 4 相对于分配 1 的变化将相同，这三个分配的基尼系数取值也必将是相同的。

但是，我们仍然可以借助表 16 中对四种典型再分配的效应的测算结果展示基尼系数对收入分布底部的变化更敏感的特性。其中的原分配显示在表 16(A)中标记为(1)的一列，四种再分配分别显示在表 16(A)中标记为(2)至(5)的各列。容易看出，相对于原分配，再分配 1 提升了低收入者的收入水平(底部调整)，再分配 3 降低了高收入者的收入水平(顶部调整)，两者的幅度相同，再分配 2 和再分配 4 也是同等幅度地分别提升了低收入者的收入水平和降低了高收入者的收入水平，但相比再分配 1 和再分配 3，幅度有所减弱。

从表 16(B)展示的不均等指标测算结果看，包括基尼系数在内的大部分不均等指标均反映出底部调整带来了更显著的再分配效应，其中根据敏感性参数取值为 1、0、1、2 和 4 的 5 个广义熵指数，底部调整的两个方案的再分配效应都排在第 1 位和第 2 位。在所有不均等指标中，只有敏感性参数取值为 4 的广义熵指数将顶部调整方案的再分配效应排在了第 1 位。

---

① 计算公式为 $\Delta G = \frac{2(h-k)}{n^2\bar{y}}\Delta y$，其中 h、k 分别为高收入者和低收入者在收入分布中的排位，ΔG 为基尼系数的变化量，Δy 为收入转移的量，n 为样本数，$\bar{y}$ 为平均收入(Lambert，2001)。

表 16　四种典型再分配方式及其再分配效应测算结果

A. 四种再分配基本情况

个体序号	个体收入				
	原分配（1）	再分配 1（2）	再分配 2（3）	再分配 3（4）	再分配 4（5）
1	5	15	10	5	5
2	65	65	65	55	60
3	20	20	20	20	20
4	25	25	25	25	25
5	30	30	30	30	30
6	35	35	35	35	35
7	40	40	40	40	40
8	45	45	45	45	45
9	50	50	50	50	50

B. 不均等指标测算结果

指标	原分配（1）	再分配 1（2）	再分配 2（3）	再分配 3（4）	再分配 4（5）	再分配效应排序
基尼系数	0.2681	0.2325	0.25	0.2477	0.2581	1>3>2>4
GE_{-4}	13.3853	0.2458	0.9405	11.7591	12.5525	1>2>3>4
GE_{-2}	0.9173	0.1286	0.2497	0.8516	0.8841	1>2>3>4
GE_{-1}	0.3449	0.1042	0.1608	0.3233	0.3339	1>2>3>4
GE_{0}	0.1817	0.0909	0.1205	0.168	0.1746	1>2>3>4
GE_{1}	0.1294	0.085	0.1029	0.1155	0.122	1>2>3>4
GE_{2}	0.1134	0.0847	0.0977	0.0962	0.1041	1>3>2>4
GE_{4}	0.1241	0.1	0.1115	0.0916	0.1057	3>1>4>2

这种不同不均等指标对收入分配结构敏感性的差异对于个人所得税再分配效应测算基础指标的选择具有重要的意义。这是因为，个人所得税的再分配往往并不是顶部调整和底部调整并重的，恰恰相反，许多国家将累进税率作为个人所得税再分配的重要手段，虽然有一些国家在个人所得税制中采用劳动所得税收抵免等措施提高低收入者的收入，这些措施的应用并不普遍，在我国更是基本没有低收入群体因个人所得税而增加收入的机制，可见个人所得税的再分配主要采取的是顶部调整的方式。在这种情况下，

如果仅以基尼系数作为测算个人所得税再分配效应的基础指标，就有可能出现政策手段和评价指标不匹配的问题，导致无法充分反映再分配政策的效果。

因此，我们有必要引入广义熵指数作为个人所得税再分配效应测算的基础不均等指标，运用其在敏感性参数取不同值时具有不同结构敏感性的良好性质，更为全面地分析个人所得税的再分配效应。

当然，对收入分布底部的变化更为敏感表明基尼系数将对针对低收入阶层的转移支付给予更高的评价，这与再分配政策评价的一般价值取向是一致的，我们看到大部分的不均等指标都具有这一特点。同时，以基尼系数作为基础指标可以更方便地进行个人所得税横向公平效应和纵向公平效应、税率结构效应和费用扣除效应等多角度的分解分析，基尼系数的概念相比广义熵指数也更加清楚易懂，因此这种方法对于个人所得税再分配效应的分析来说，也是不能缺少的。

第三节　个人所得税再分配效应的测算方法

一、基于基尼系数的个人所得税再分配效应测算方法

（一）*MT* 指数的定义

基于基尼系数测算个人所得税收入再分配效应的基本方法就是求税前收入和税后收入的基尼系数之差，这一指标最初由美国学者 Musgrave 和 Thin 提出（Musgrave 和 Thin，1948），亦称 *MT* 指数，用公式表示如下：

$$MT = G_x - G_y \tag{39}$$

其中，G_x 和G_y 分别为税前收入和税后收入的基尼系数。*MT* 指数为正时，税后收入的基尼系数小于税前收入的基尼系数，表明个人所得税具有正的再分配效应，*MT* 指数越大，则表明个人所得税的再分配效应越强。

值得注意的是，个人所得税再分配效应的测算虽然涉及税前收入和税后收入基尼系数的比较，却不同于一般意义上的不均等状况的排序，其区别在于，一般意义上的不均等状况的排序通常针对相同的总收入及其均值，而

在征收个人所得税的情况下，税后收入的总额及其均值都小于税前收入。那么在总收入不相同的情况下，两种收入分配状况如何能比较呢？严格地说，我们所测算的个人所得税再分配效应是当前个人所得税制下的税后收入不均等状况与以比例税方式征收等额税收时的税后收入不均等状况的差异。根据不均等指标的尺度无关性特征，征收比例税时税后收入的不均等状况与税前收入的不均等状况完全一致，因此，当前税制下税后收入与比例税制下税后收入不均等状况的差异和当前税制下税后收入与税前收入不均等状况的差异也是一致的。

(二)*MT* 指数的分解

通过将 *MT* 指数进行分解，可以进一步分析再分配效应中的横向公平效应和纵向公平效应、累进性和平均税率的影响以及免征额和税率结构的影响等。这些方法的提出，需要借助税后收入的集中系数(concentration index)这一概念。

为得出税后收入的集中系数，需要将纳税人按税前收入排序，根据人口的百分比及这一百分比的人口获得的收入占全部人口获得的总收入(税后收入)的百分比的情况，在坐标平面描出一系列的点，并将这些点连接成线，得到集中曲线。集中曲线和洛伦兹曲线十分相似，所不同的是洛伦兹曲线的排序变量和不均等变量(即考察不均等状况所针对的变量)是一致的，而集中曲线的排序变量可以和不均等变量不一致。我们已经看到税后收入的集中曲线排序变量是税前收入，而不均等变量是税后收入，而对于税后收入的洛伦兹曲线而言，排序变量和不均等变量必须都是税后收入。显然，集中曲线的定义更为宽泛，因此，也可以将洛伦兹曲线看成是集中曲线的一种特例。

有了集中曲线，就可以求出集中系数，其方法和求基尼系数的方法基本一致。

根据最常用的 Kakwani(1984)提出的分解方法，*MT* 指数可表示为：

$$MT = (C_y - G_y) - \frac{tK}{1-t} \tag{40}$$

(40)式中 C_y 为按税前收入排序的税后收入的集中系数，因为税后收入的基尼系数 G_y 相当于按税后收入排序的税后收入的集中系数，$(C_y - G_y)$

反映了课税后纳税人收入排序的变化对收入分配不均等程度的影响，即横向公平效应。(40)式中的第二项衡量纵向公平效应，其中 t 为平均税率，K 为 Kakwani 提出的累进性指数，以公式表示为：

$$K = C_t - G_x \tag{41}$$

其中 C_t 为按税前收入排序的应纳税额的集中系数，因为税前收入的基尼系数 G_x 相当于按税前收入排序的税前收入的集中系数，$(C_t - G_x)$ 则反映了应纳税额与税前收入相比更为不均等的程度，即税收的累进性①。

税收的累进性是通过费用扣除和税率结构两个方面来实现的，根据 Pfähler(1990)提出的方法，累进性指数还可以进一步分解为

$$K = (C_t - C_{xt}) + (C_{xt} - G_x) \tag{42}$$

其中的 C_{xt} 为按税前收入排序的应纳税所得额的集中系数，$(C_t - C_{xt})$ 和 $(C_{xt} - G_x)$ 分别反映税率结构和费用扣除对累进性的影响。

上述各基尼系数和集中系数及相应的洛伦兹曲线和集中曲线的典型关系如图 18 所示。其中，L_x 和 L_y 分别为税前收入和税后收入的洛伦兹曲线，C_y、C_{xt} 和 C_t 分别为按税前收入排序的税后收入、应纳税所得额和应纳税额的集中曲线。

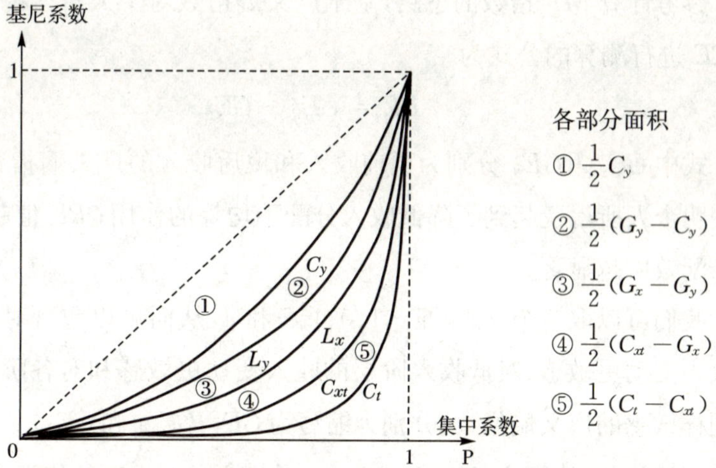

图 18 税前收入、税后收入的洛伦兹曲线及税后收入、应纳税所得额及应纳税额的集中曲线

① 徐静(2014)关于衡量累进性以及对个人所得税再分配效应进行分解的其他方法做了详尽的综述。

可以看出，税后收入的洛伦兹曲线 L_y 比税后收入的集中曲线 C_y 更远离完全均等线，其差距（图中面积②）反映出税收导致纳税人的收入发生了使得不均等状况恶化的再排序，即(40)式中的横向公平效应为负。但是，税后收入的洛伦兹曲线 L_y 比税前收入的洛伦兹曲线 L_x 更接近完全均等线，反映总体上税收仍然改善了收入分配状况（图中面积③），这主要是纵向公平效应为正导致的，其中重要的影响因素在于税收的累进性，即图 18 中应纳税额的集中曲线 C_t 比税前收入的洛伦兹曲线 L_x 更远离完全均等线的程度（图中面积④和⑤的和）。税收的累进性又可分解为免征额带来的累进性（图中面积④）和税率结构带来的累进性（图中面积⑤）两部分。

如(17)式所示，基尼系数是洛伦兹曲线和完全均等线之间部分的面积的两倍，因此这部分面积就是基尼系数的二分之一，根据这一思路，如图 18 中右侧注释所示，各部分面积都可以用基尼系数或集中系数加以表示。

二、基于广义熵指数的个人所得税再分配效应测算方法

（一）基于广义熵指数的个人所得税再分配效应计算公式

参考计算 MT 指数的思路，基于广义熵指数对个人所得税再分配效应值 RE 进行测算的公式为

$$RE = GE_\theta^x - GE_\theta^y \tag{43}$$

式中 GE_θ^x 和GE_θ^y 分别为税前收入和税后收入的广义熵指数。RE 值为正表明个人所得税起到了降低收入分配不均等的作用；RE 值越大，则说明再分配效应越显著。

我们可以取 5 个 θ 值，即－1、0、1、2 和 4，从而可以包含对高收入阶层的收入变动更敏感、对低收入阶层的收入变动更敏感和对各阶层的收入变动同样敏感的广义熵指数（分别为缩写为 GE_4、GE_{-1} 和 GE_2）以及两个特殊的广义熵指数（缩写为 GE_1 和 GE_0）。若 θ 为 4 时 RE 的值更大，则说明个人所得税相对更多地缩小了高收入阶层的收入差距；反之，若 θ 为－1 时 RE 的值更大，则说明个人所得税相对更多地缩小了低收入阶层的收入差距。

(二)基于广义熵指数的个人所得税再分配效应分解方法

广义熵指数具有良好的加和可分解性,若总收入 y 分为 i 组,$(GE_{\theta}^{y})^{T}$、$(GE_{\theta}^{y})^{B}$、$(GE_{\theta}^{y_i})^{W}$ 分别表示总广义熵,组间广义熵和第 i 组的组内广义熵,则有

$$(GE_{\theta}^{y})^{T}=(GE_{\theta}^{y})^{B}+\sum_{i=1}^{n}((GE_{\theta}^{y_i})^{w}\cdot W_{i}) \tag{44}$$

其中 W_i 为权重,若第 i 组的平均收入为 $\bar{y_i}$,总体平均收入为 $\bar{y}$,第 i 组个体数占总体个体数的比重为 m_i ,则 $W_i=m_i\,(\bar{y_i}/\bar{y})^{\theta}$ 。

根据广义熵指数的分解方法,很容易将根据不同 θ 取值的广义熵指数测算的个人所得税再分配效应进一步分解为组间和组内效应,从而可得到关于个人所得税再分配效应的更为丰富的结构性信息。

表 17 对比了主要不均等指标的加和可分解性。其中上半部分列示了假设的收入分布的两种情形(A 情形和 B 情形),两种情形中个体都划分为两个组。表中的下半部分列示了运用不同指标对两种情形下的分组及总体收入分配不均等情况进行测算的结果。

表 17　主要不均等指标的加和可分解性

	A 情形			B 情形		
	第 1 组	第 2 组	总体	第 1 组	第 2 组	总体
收入分布	60	30	60	60	10	60
	70	30	70	60	60	60
	80	130	80	90	120	90
			30			10
			30			60
			130			120
均值	70	63.33	66.67	70	63.33	66.67
基尼系数	0.0063	0.351	0.275	0.095	0.386	0.267
泰尔指数	0.007	0.256	0.126	0.020	0.290	0.149
A^2	0.014	0.363	0.236	0.036	0.621	0.469

可以看出,运用每个不均等指标对两种情形下第 1 组和第 2 组收入分配不均等状况的测算结果均显示,对于第 2 组和第 1 组收入分布来说,B 情

形都比 A 情形更不均等，因此，顺理成章地，对总体来说就应该 B 情形比 A 情形更不均等。运用泰尔指数与不平等厌恶系数为 2 的阿特金森指数测算的结果与这一推论完全一致，但是运用基尼系数测算则出现了 A 情形比 B 情形更不均等的结果，由此可见，基尼系数不具有加和可分解的性质。

第四节　本章小结

本章从对不同不均等指标的介绍和比较分析入手，阐述了个人所得税再分配效应的测算方法。

收入分配不均等状况测算指标的主要思想渊源是变量的描述性统计、洛伦兹曲线、社会福利函数和信息理论，其中变异系数、基尼系数、阿特金森指数和广义熵指数指标同时符合尺度无关性、人口无关性和弱转移原则这三项基本要求，考虑到指标之间的等价关系，则又可进一步缩减为基尼系数和广义熵指数。

基尼系数是传统的衡量个人所得税再分配效应的基础指标，其优点在于含义清晰，便于将个人所得税再分配效应进行横向公平效应和纵向公平效应、税率结构效应和费用扣除效应、累进性效应和平均税率效应等方面的分解，也便于进行国际比较。

相对而言基尼系数对收入分布底部的变化更为敏感，而广义熵指数在敏感性参数取不同值时对收入分布的不同部分都具有敏感性，由于世界各国运用个人所得税进行收入再分配的常用手段是通过实行累进税率进行顶部调节，因此，引入广义熵指数作为基础不均等指标一方面有助于更全面地反映个人所得税对收入分配的影响。另一方面，广义熵指数具有良好的加和可分解性，便于将总体的再分配效分解为组间效应和组内效应。

第四章 2011年税制调整对我国个人所得税再分配效应影响的测算分析

本章起我们将运用前文介绍的方法测算分析我国个人所得税的再分配效应及其改善途径。由于我国当前的个人所得税制是2011税制调整之后形成的，且2011年税制调整是1994年税制改革以来力度最大的一次税制调整，我们对我国个人所得税再分配效应的分析将主要聚焦于这次税制调整的影响。

第一节 2011年个人所得税制调整及相关研究成果回顾

一、2011年个人所得税制调整概况

根据财政部和国家税务总局的解释，2011年个人所得税制调整的目的是"加强税收对收入分配的调节作用，降低中低收入者税收负担，加大对高收入的调节"①。

① 参见《财政部国家税务总局有关负责人就〈个人所得税法修正案（草案）〉有关问题答记者问》，来源：财政部网站，网址 http：//www. mof. gov. cn/zhengwuxinxi/zhengcejiedu/2011zhengcejiedu/201104/t20110420_539060. html。

根据本书第二章第二节的介绍，此次税制调整将工资薪金所得、个体工商户的生产经营所得以及对企事业单位的承包经营、承租经营所得税目下的费用扣除标准和税率结构都做了调整，其中费用扣除标准由原来的 2000 元提高至 3500 元，税率级数由原来的 9 级降为 7 级，第 1 级税率由 5%调整为 3%，取消了原来的 15%和 40%两档税率，另外还调整了对应于部分税率的应税所得档次，其中适用最高边际税率 45%的应税所得标准由原来的 10 万元降低到 8 万元。

由于此次个人所得税制调整的幅度和范围都超过了以往历次修正，且在修正案审议过程中全国人大常委会通过多种途径广泛征求意见①，因而受到社会各界的高度关注。

从全国人大常委会发布的对社会公众征求意见的情况看(全国人大常委会法制工作委员会经济法室，2011)，各界最为关注的是修正案“草案”中关于工资薪金所得减除费用标准(俗称“起征点”)由从每月 2000 元提高到每月 3000 元的规定，在全部网络反馈意见中，反对这一规定或要求修改的比例达到 83%。对于“草案”中关于工资薪金所得税率结构和经营所得税率结构调整的规定，反馈意见则以赞成的居多。

尽管反馈意见来自北京、上海、广东等发达地区的居多(占比达到 43%)，来自月收入 3000 元至 7500 元的人群的居多(占比达到 49%)，反映出提出反馈意见的网友并不能充分地代表全部社会公众，并且绝大多数参

① 2011 年 4 月 25 日 16 时至 5 月 31 日 24 时，全国人大常委会通过中国人大网向社会公开征求对《中华人民共和国个人所得税法修正案(草案)》(以下简称“草案”)的意见，共收到 82707 位网民提出的 237684 条意见，另有群众来信 181 封。2011 年 5 月 10 日和 20 日，全国人大法律委员会、财政经济委员会和全国人大常委会法制工作委员会联合召开座谈会，还分别听取 11 位专家和 16 位来自不同地区、不同职业、不同收入群体具有一定代表性的社会公众对草案的意见(全国人大常委会法制工作委员会经济法室，2011)。

与座谈并发表意见的学界专家[①]都反对进一步提高费用扣除标准，在此次意见征询之后，为了表达对于民意的尊重，全国人大常委会最终还是决定将工资薪金所得的费用扣除标准由原定的每月 3000 元提高到每月 3500 元，并将工资薪金所得的第一档税率由 5%降为 3%。

二、关于 2011 年个人所得税制调整成效的观点及研究成果

2011 年个人所得税制调整方案在推出的过程中显然是不乏争议的，其中关于工资薪金所得费用扣除标准的争论不仅在于相应的标准能否体现纳税人的基本生活费用，有的专家还对提高费用扣除标准是否有利于缩小居民收入差距提出质疑，如华生提出，"起征点"的提高对大多数低收入者没有任何益处，反而使其收入相对下降，将进一步扩大收入差距(孙佳宁，2011)，贾康也认为上调"起征点"对于实现个税调节收入分配的目的意义不大(贾康和梁季，2017)。值得注意的是，此次税制调整不仅包括了提高工资薪金所得费用扣除标准的内容，还通过降低适用最高边际税率的应税所得下限试图提高高收入者的税收负担，那么这一税制调整方案究竟是否达成了预期目标，它对我国个人所得税再分配效应的影响究竟如何呢？回答这一问题，对于决定下一步个人所得税制改革的取向有着重要的意义。

从现有的关于此次税制调整再分配效应的研究成果看，代表性的结论是 2011 年的个税调整导致我国个人所得税制的累进性提高，但是由于拉低

---

① 中国人民大学财政金融学院教授朱青提出，发达国家减除费用标准，即起征点相当于居民月平均工资的 24%至 40%左右，而按照草案的规定，我国的减除费用标准相当于月平均工资(约 2800 元)的 100%，远高于发达国家水平。要求提高到 5000 元、8000 元甚至更高，没有相应的数据支撑。北京大学法学院教授刘剑文提出，发达国家个人所得税在税收收入中所占比重很大，而我国目前只占到 6%左右，比例很低，起征点不能再提高了。财政部财政科学研究所研究员孙钢提出，起征点应当与物价指数挂钩，从 2008 年到现在，我国的物价水平上涨了 10%至 15%，据此计算减除费用标准应提高到 2200 元左右，草案的规定已经高于这一水平。国家税务总局税收科学研究所所长刘佐提出，实践中除法定的减除费用外，"三险一金"(基本养老保险费、基本医疗保险费、失业保险费、住房公积金)已经从应纳税所得额中扣除了，按照 3000 元的起征点计算，再加上"三险一金"的扣除，实际扣除额为 3896 元，相当于上海市 2010 年职工的月平均工资水平。从全国范围看，这一标准已经很高(全国人大常委会法制工作委员会经济法室，2011)。

了个人所得税的平均税负而导致总体再分配效应减弱(徐建炜等,2013;徐静,2014;岳希明等,2012)。根据这一研究结论,鉴于现行个人所得税制框架下我国个人所得税平均税负提高的难度较大,未来通过进一步调整个人所得税制来改善我国个人所得税再分配效应也将比较困难。

然而,我们发现这一研究结论是运用传统方法得出的,即以样本居民家庭税前税后年度人均收入的基尼系数之差(即MT指数)来衡量税制调整前后个人所得税的再分配效应并进行对比,且都是利用2009年的国家统计局城镇住户调查数据进行模拟分析。

本书第三章已经论述了运用基尼系数作为基础不均等指标将无法充分反映个人所得税再分配效应的结构性影响,特别是在此次税制调整包含了提高高收入者税收负担的顶部调整措施的情况下其局限性可能更加凸显。同时,由于受访居民(特别是其中的高收入居民)存在低报或漏报收入的倾向,运用城镇住户调查数据进行的测算也可能由于未充分考虑隐性收入而导致偏差。

针对上述情况,本章以下将以税制调整后2012年的国家统计局城镇住户调查数据为基础,引入可以提供丰富结构性信息的不均等指标广义熵指数,并借鉴学者王小鲁的方法构建包含隐性收入的居民家庭收入数据,力图更加全面地分析2011年税制调整对我国个人所得税再分配效应的影响。

第二节 研究数据和样本特征

一、基础数据的描述性统计

本章测算采用的是2012年的国家统计局城镇住户调查数据,涉及上海、辽宁、四川和广东四省市的11271户家庭(共44068位家庭成员)。

城镇住户调查的调查范围包括中国城镇区域内的所有住户,具体包括四类:第一类,户口在本地区的常住非农业户;第二类,户口在本地区的常住农业户;第三类,户口在外地,居住在本地区半年以上的非农业户;第四类,户口在外地,居住在本地区半年以上的农业户。可见,城镇住户调查对象的选取是基于实际居住状况，而不是户口状态，由于我国个人所得税在城镇地区但并不基于户口课征，城镇住户调查的调查对象和个人所得税的课税对象覆盖范围是一致的。

城镇住户调查样本的选取过程是首先采用分层随机抽样的方法选取调查市县，随后在各调查市、县采取二相抽样和多阶段抽样相结合的方法选取调查户。为了增强样本代表性，调查样本实行轮换，其中一相大样本每隔三年抽取一次，为二相样本提供抽样框，二相小样本中的经常性调查户则每年轮换 1/3，三年全部轮换掉（国家统计局城市社会经济调查司，2006 ）。

我们采用的 2012 年城镇住户调查数据提供了每个家庭成员详细的月度个人收入及其构成信息，以及缴纳个人所得税的信息。其中总收入分为工薪收入、经营净收入、财产性收入和转移性收入四部分，各部分的具体项目如表 18 所示。由于我国现行个人所得税制实行以个人为计税单位按月计税的制度，利用本数据可以根据税法直接计算出样本家庭的月度应纳税额，然后再通过进一步的加总和平均处理得到准确的家庭年度应纳税额和年度人均税后收入，从而将个人所得税再分配效应的测算建立在更为准确的数据基础上[①]。

表 18　样本家庭的各类收入的构成项目

收入类别	构成项目
工薪收入	工资及补贴收入、其他劳动收入
经营净收入	无细分项目
财产性收入	利息收入、股息与红利收入、保险收益、其他投资收入、出租房屋收入、知识产权收入、其他财产收入
转移性收入	养老金或退休金、社会救济收入（含最低生活保障收入）、辞退金、赔偿收入、保险收入（含失业保险金）、赡养收入、捐赠收入、提取住房公积金、记账补贴*、其他转移性收入

注：记账补贴指参与调查者因按规定记账而获得的补贴收入。

① 相比较而言，利用其他微观数据进行的关于个人所得税再分配效应的研究，往往需要根据家庭的年度收入求得家庭成员的月度平均收入，根据税法计算家庭成员的月度平均应纳税额，再推算家庭的年度人均应纳税额。由于家庭成员之间以及每个家庭成员在不同月份之间收入水平存在差异，在这一处理过程中测算的精确度必将受到影响。

样本家庭的地区分布及年度人均税前收入的描述性统计情况如表19所示。

表19 样本家庭的地区分布及年度人均税前收入的描述性统计

地区	样本数	收入均值	标准差	最小值	最大值
辽宁	4404	25031.40	16841.63	613.33	354630.00
上海	1003	45442.33	30297.82	4071.67	344322.80
广东	3307	34848.68	23827.55	213.33	382215.00
四川	2557	23526.76	14674.89	1100.00	219517.90
四省市总体	11271	29386.87	21324.07	213.33	382215.00

受到数据可得性的限制，本书未能采用全国样本，但是经测算，四省市样本家庭税前人均年收入的基尼系数与《中国居民收入分配年度报告》(张东生，2013)中公布的利用全国样本测算的城镇居民收入基尼系数非常接近，表明本书的样本数据具备必要的代表性①。

二、考虑隐性收入对基础数据的处理

目前我国学者对个人所得税再分配效应的不少研究是依据《中国统计年鉴》中的城镇居民家庭收入分组数据或微观城镇住户调查数据。其中利用家庭收入分组数据进行的研究对于税前税后收入差距的测算通常只能反映各收入组之间的差距而不得不略去组内差距，因此利用城镇住户调查数据进行的测算一般更为准确。国家统计局的城镇住户抽样调查数据是目前可获得的质量最好、权威度最高的微观住户调查数据，但是，由于受访居民(特别是其中的高收入户)存在漏报或低报收入的倾向，这项调查得到的收入数据仍然存在低估和不完整的问题。

学者王小鲁将漏报或低报的收入称为隐性收入，给出了基于恩格尔系数测算隐性收入的方法(王小鲁，2012)。他的测算主要是基于这样一个来

① 本书测算的4省市样本城镇居民家庭2012年人均收入的税前基尼系数为0.33，而《中国居民收入分配年度报告》中公布的2010年城镇居民基尼系数为0.34，该报告2012年和2013年的版本没有公布城镇居民基尼系数，但指出该指标变化不大。

自于实证经验的原理：一个家庭收入越少，家庭的恩格尔系数（即用来购买食物的支出占家庭总支出的比例）就越大，因此随着家庭收入的增加，家庭的恩格尔系数将会下降。人们虽然可能有瞒报收入的动机，但是由于收入与食品消费间的关系是相对稳定的，利用这一稳定的关系，则可根据家庭的食品消费支出推算出家庭的实际收入。

将国家统计局住户调查数据中的家庭收入称为统计收入，将利用恩格尔系数法测算得出的包含隐性收入的家庭收入称为推算收入，王小鲁得出的 2008 年各组家庭的推算收入与统计收入之比如表 20 所示。显然，随着家庭收入的提高，隐性收入的占比呈现出显著的累进上升的趋势。

表 20　王小鲁得出的各组家庭推算收入与统计收入之比（2008 年）

家庭收入	最低	低	中低	中等	中高	高	最高	全部家庭
比值	1.125	1.009	1.174	1.280	1.431	2.091	3.187	1.904

数据来源：王小鲁《灰色收入与发展陷阱》，中信出版社，2012 年版，第 188 页。

为使对我国个人所得税再分配效应的分析更为全面客观，本书借鉴王小鲁的方法，将样本居民家庭按人均年收入分成 7 组，按表 20 中各组推算收入与统计收入的比值构建了包含隐性收入的推算收入数据[①]。图 19 展示了统计收入口径和推算收入口径下 2012 年样本居民家庭人均月收入的分布情况。从图中我们可以直观地看到两种口径下在收入分布中处于高、中、低不同位置的居民家庭的收入水平。在统计收入口径下，处于收入分布顶端（99.5 分位数）的居民家庭的人均月收入仅达到 1.13 万元，明显与公众生活中的感受不符。而在包含隐性收入的推算口径下，处于中等以上位置的居民家庭的收入水平有了不同程度的提升，与现实更为接近。因此，本书对个人所得税再分配效应的分析均以推算收入口径的数据为基础。但是，即使在推算收入口径下，人均月收入低于 4700 元的家庭仍达到 80%，人均

① 当然，王小鲁关于隐性收入的测算虽然影响很大，却并非没有缺陷。罗楚亮、岳希明和李实（2011）就曾撰文对他的研究提出批评。同时我们利用王小鲁 2008 年的测算结果推算 2012 年的居民收入也存在时间上不匹配的问题。因此，本书测算得到的推算收入只是对现实情况的一种近似，鉴于我们考虑隐性收入的目的主要是揭示收入结构对个人所得税再分配效应测算结果的重要影响，这种近似的处理并不影响本书的基本结论。

月均收入低于2700元的家庭也达到60%，这说明从绝对额看，我国数量众多的居民家庭收入水平还比较低，下文测算将表明，这一特征对于我国个人所得税的再分配效应具有重要影响。

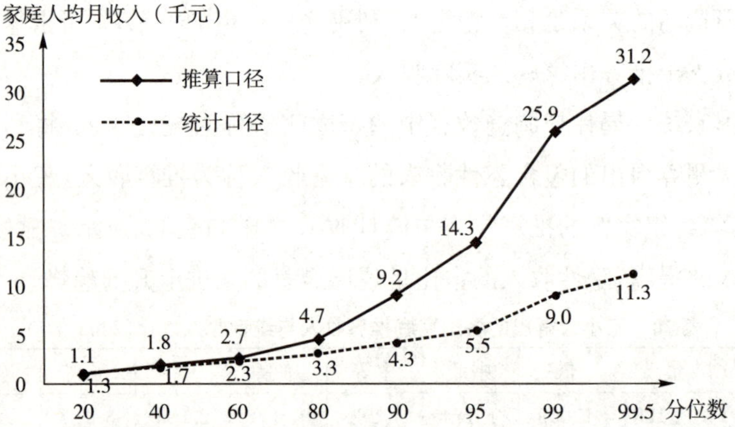

图19　统计口径和推算口径下样本家庭人均月收入的分位数分布(2012)

三、样本家庭收入的结构性特征

国家统计局城镇住户调查数据将家庭收入分为四类，分别是工薪收入、经营净收入、财产性收入和转移性收入，其中工薪收入相对比较规范，居民不易有漏报和低报的动机，因而我们在结构上将每个家庭的隐性收入平均分配于其他三类收入，若样本家庭的经营性收入为0，则仅将隐性收入平均分配于财产性收入和转移性收入两个类别。

由于我国个人所得税实行分类税制，针对不同类型的所得适用不同的税率，且2011年税制调整主要调整了工资薪金所得和经营所得的税收待遇，并未涉及财产所得、转移所得等其他所得，更未涉及隐性收入，因而为了更好理解此次税制调整对个人所得税再分配效应的影响，有必要对样本家庭收入的结构特征进行简要分析。

图20列示了在统计收入和推算收入口径下不同收入水平家庭组的收入结构，其中横轴为10个分位数区间，代表收入由低到高的10个家庭组，纵轴反映各组家庭拥有的某类收入占当年所有家庭拥有的该类收入的比重，四类收入的叠加反映各组家庭的总收入占当年所有家庭总收入的比重。

容易看出，在两种口径下，高收入组家庭相对于低收入组家庭拥有总收入的占比均逐级上升，收入最高的10%家庭总收入占比的上升幅度最大，在推算收入口径下，最富的10%的家庭拥有总收入的占比更是大幅度上升，达到全部家庭收入的42.8%。更值得关注的是，高收入组家庭的工薪收入占比相对于低收入组家庭同样逐级上升，在统计收入口径下，收入最高的10%家庭占有的工薪收入达到全部家庭占有工薪收入的17.7%，远远高于前一组家庭的10.1%的占比水平，在推算收入口径下，仍然最高收入家庭的工薪收入的占比最高。

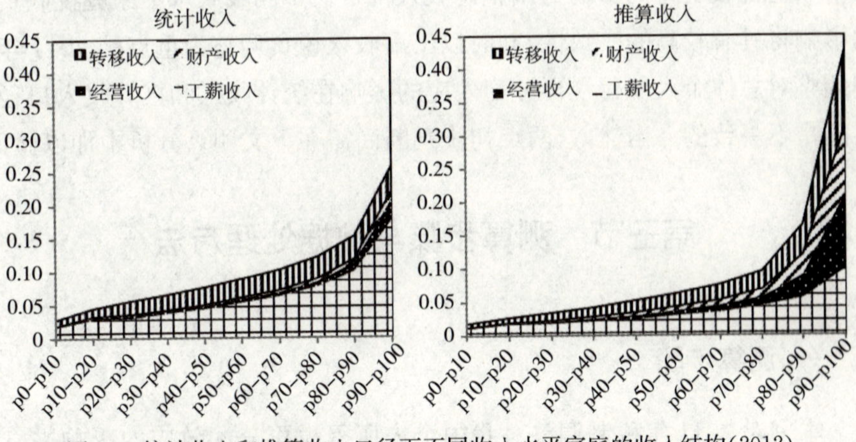

图20　统计收入和推算收入口径下不同收入水平家庭的收入结构(2012)

表21中还列示了两种口径下各类收入分布的不均等程度(以基尼系数衡量)及其对于总体收入分配不均等的贡献①。对于统计收入而言，虽然工薪收入的基尼系数最低，但由于其在总收入中的份额最高，因而工薪收入的不均等对总体收入分配不均等的贡献最大，而对于推算收入而言，由于财产收入和经营收入的份额增加且本身的不均等程度较高，这两类收入对总体收入不均等的贡献增大，超过了工薪收入。

① 在分解各收入项目对总体不平等的贡献方面，基尼系数和广义熵指数的差异不大。

表 21　各类收入分配的不均等及其对于总体收入分配不均等的贡献

指标 收入类型	统计收入			推算收入		
	占总收入的比重	基尼系数	对于总体不均等的贡献	占总收入的比重	基尼系数	对于总体不均等的贡献
工薪收入	62.87%	0.51	69.13%	34.94%	0.51	24.66%
经营收入	8.50%	0.93	10.42%	22.45%	0.84	29.45%
财产收入	3.08%	0.92	5.28%	28.41%	0.79	40.47%
转移收入	25.55%	0.67	15.18%	14.20%	0.67	5.41%

上述结构特征表明，至少从绝对额上看调整工薪收入税负对不同收入水平家庭税收负担的影响与调整总收入税负对不同收入水平家庭税收负担的影响将具有较高的一致性，同时以工薪收入税负调整为重点的 2011 年税制调整对总体个人所得税再分配效应的影响在统计收入和推算收入口径下可能是不一致的。当然，这两点初步判断尚需在下文测算分析中加以验证。

第三节　测算步骤与数据处理方法

一、测算步骤

本书对 2011 年税制调整对我国个人所得税再分配效应的影响进行测算的基本步骤是：

1. 测算样本家庭年度税前人均所得(统计收入口径数据)；

2. 根据税制调整前后的税制规则测算样本家庭年度税后人均所得(统计收入口径数据)；

3. 计算税制调整前后的税制规则下税前和税后所得(统计收入口径数据)的基尼系数和 θ 取值分别为 −1、0、1、2 和 4 时的广义熵指数；

4. 按照(39)式和(43)式的公式计算税制调整前后的税制规则下以五种不平等指标衡量的个人所得税再分配效应(统计收入口径数据)；

5. 比较以不同指标衡量的不同税制规则下的个人所得税再分配效应，判断税制调整对个人所得税再分配效应的影响(统计收入口径数据)；

6. 对推算收入口径数据重复上述步骤，得到不同收入口径下税制调整对个税再分配效应的影响。

二、应纳税额等主要指标的计算方法

对上述步骤中涉及的数据处理方法进一步说明如下：

第一，对城镇住户调查数据中的各类收入的应纳税额原则上均按税法规则计算，其中“工薪收入”中的“工资及补贴收入”按照“工资薪金”税目的规则计算应纳税额，“工薪收入”中的“其他劳动收入”采用“劳务报酬”税目的规则，“经营净收入”采用“个体工商户的生产经营所得”税目的规则，“财产性收入”和“转移性收入”的具体项目划分与个人所得税的税目无法对应，因而直接采用住户调查数据中家庭就该项所得“交纳所得税”的数额，由于2011年税制调整不涉及“财产性收入”和“转移性收入”，这一简化处理不影响主要的测算结果。

第二，本书主要根据家庭人均年收入衡量个人所得税再分配效应，但我国个人所得税制目前是以个人为计税单位，区分不同所得类型按月或按年计税。因此我们以样本家庭中家庭成员的月度收入数据为基础，区分不同所得类型先计算出该项所得的月度或年度税前税后收入，经过加总得到家庭年度的税前税后总收入，再根据家庭人口数，得到家庭人均税前税后收入。

第三，由于隐性收入无法征税，因此在推算收入口径下，各项所得的应纳税额与统计收入口径下相同，但由于推算收入口径下的税前收入大于统计收入口径下的税前收入，在推算收入口径下应纳税额占税前收入的比重将比在统计收入口径下更低。

第四节　测算结果与分析

一、基于基尼系数的测算结果

基于前文所述统计收入口径和推算收入口径下的样本数据，并以基尼系数作为基础不均等指标，本书对2011年税制调整前后（分别称为“旧税制”和“新税制”）我国个人所得税的再分配效应进行了测算，结果如表22所示，其中包括税前收入的基尼系数、税后收入的基尼系数以及根据（39）式和（40）式计算的MT指数、横向公平效应和纵向公平效应。

表 22　税制调整对个人所得税再分配效应的影响:基于基尼系数的分解分析(1)

数据口径	税制方案	税前收入基尼系数(1)	税后收入基尼系数(2)	MT 指数(3)	MT 指数/税前基尼系数(4)	横向公平效应(5)	纵向公平效应(6)
统计收入	旧税制	0.3349	0.3173	0.0177	5.3%	−0.0005	0.0182
	新税制	0.3349	0.3230	0.0120	3.6%	−0.0002	0.0121
推算收入	旧税制	0.5217	0.5172	0.0045	0.9%	−0.0001	0.0046
	新税制	0.5217	0.5177	0.0040	0.8%	0	0.0040

注:(3)=(1)−(2),(3)=(5)+(6)

可以看出,在两种收入口径下,税制调整前后我国的个人所得税都具有一定的缩小居民收入差距的效果,表现为税后收入的基尼系数均小于税前收入的基尼系数。但是,就税前、税后基尼系数之差占税前基尼系数的比重而言,税制调整之前约为 5.3%①,与发达国家 10%左右的平均水平相比明显偏低。同时,在推算收入口径下,个人所得税的再分配效应更是显著降低,反映出隐性收入对于个人所得税再分配效应的影响不容忽视。就我们更为关注的税制调整的影响看,在两种收入口径下,新税制下个人所得制的再分配效应都弱于旧税制。

对 MT 指数的分解有助于进一步分析税制调整造成个人所得税再分配效应弱化的原因。首先,表 22 中数据表明,在横向公平和纵向公平两种效应中,纵向公平效应对于整体再分配效应的影响更大,并且纵向公平效应减弱也是造成新税制弱化个人所得税再分配效应的主要原因。其次,由表 23 中对纵向公平效应的进一步分解可知,税制调整方案使我国个人所得税制的整体累进性显著提高(由 0.3512 提高到 0.4717),但是居民的平均税负明显下降(由 5.2%降至 2.6%),因此,平均税负下降成为以基尼系数衡量时税制调整导致我国个人所得税再分配效应削弱的主要原因。另一方面,税制的整体累进性又可分解为税基累进性和税率累进性两个部分,表 23 中数据表明,我国个人所得税的整体累进性主要来自于税基的累进性,税制调

① 徐静(2014)运用 2009 年数据测算的这一指标值为 3.8%,由于在原税制下,免征额不变时个人所得税再分配效应会随着时间的推移而改善(对此本书第六章将详细论述),所以该结果与本书的测算结果相差不大,反映出本书的样本数据具备必要的代表性。

整使税基的累进性进一步提高，并由此推动了整体税制累进性的上升。但是，我国税率结构的累进性却相对较弱，此次税制调整使其进一步削弱，这是新税制下个人所得税再分配效应减弱的又一个原因。

表 23　税制调整前后的个人所得税再分配效应：基于基尼系数的分解分析(2)

数据口径	税制方案	纵向公平效应(1)	平均税率(2)	总累进性(3)	税基累进性(4)	份额(5)	税率累进性(6)	份额(7)
统计收入	旧税制	0.0182	0.0517	0.3512	0.2713	0.7726	0.0799	0.2274
	新税制	0.0121	0.0257	0.4717	0.4013	0.8507	0.0704	0.1493
推算收入	旧税制	0.0046	0.0281	0.1645	0.0846	0.5142	0.0799	0.4858
	新税制	0.0040	0.0141	0.2850	0.2146	0.7529	0.0704	0.2471

注：(1)=(2)×(3)，(3)=(4)+(6)，(5)=(4)/(3)，(7)=(6)/(3)

统计收入口径下税制调整导致的个人所得税再分配效应的变化还可以借助图 21 更直观地说明，其中图 21(a)反映的是新税制下的情形，图 21(b)反映的是旧税制下的情形。

两张图中的四条曲线分别为税前收入的洛伦兹曲线(I 线)、税后收入的集中曲线(NI 线)、应纳税所得额的集中曲线(TI 线)和应纳税额的集中曲线(T 线)，所有集中曲线都以税前收入为排序变量，并且所有曲线越远离正方形对角线，反映相应指标在纳税人中的分布越不均等。个人所得税的再分配效应理论上应以税后收入和税前收入洛伦兹曲线之间面积的两倍来反映，但由于我国个人所得税制下税后收入的洛伦兹曲线与税后收入的集中曲线非常接近(这一点也可由表 22 中横向公平效应接近于零的取值反映出来)，因此这里由税前收入洛伦兹曲线(I 线)和税后收入集中曲线(NI 线)之间面积的两倍来近似表示。税前收入洛伦兹曲线(I 线)和应纳税额集中曲线(T 线)之间面积的 2 倍反映个人所得税制的总体累进性，税前收入洛伦兹曲线(I 线)和应纳税所得额集中曲线(TI 线)之间面积的 2 倍反映税基累进性，应纳税所得额集中曲线(TI 线)和应纳税额集中曲线(T 线)之间面积的 2 倍反映税率累进性。

显然，两图反映出税制调整前后我国的个人所得税制都具有较高的累进性，表现为 I 线和 T 线之间的面积很大；我国个人所得税总体累进性的主要来源为税基累进性，因为 I 线和 TI 线之间的面积占据了 I 线和 T 线之间面积的大部分;但是,我国个人所得税的总体再分配效应较为微弱,表现为I线和NI线之间的面积很小。同时,也容易看出,税制调整带来了更高程度的累进性,而个人所得税的再分配效果却进一步削弱了,因为在图21(a)中I线和T线之间的面积相对更大,而I线和NI线之间的面积却相对更小。这其中的主要原因则是更多纳税人进入免税行列导致纳税人的平均税负下降,图21(b)显示大约20%的样本家庭应纳税额为零,而图21(a)显示出大约40%的样本家庭应纳税额为零①。由于基尼系数的测算结果是以个体收入为权重的,且较低的收入水平被赋予了较高的权重,因此,当更多的家庭被列入免税行列,更多低收入家庭的收入不会因课税而受到任何影响时,个人所得税再分配的效果变得更弱也就在所难免了。

推算收入口径下税制调整导致的个人所得税再分配效应的变化如图22所示。我们明显可以看出,推算收入口径下居民家庭的收入分配状况更不均等,而个人所得税的再分配效果相对来说也更为微弱。

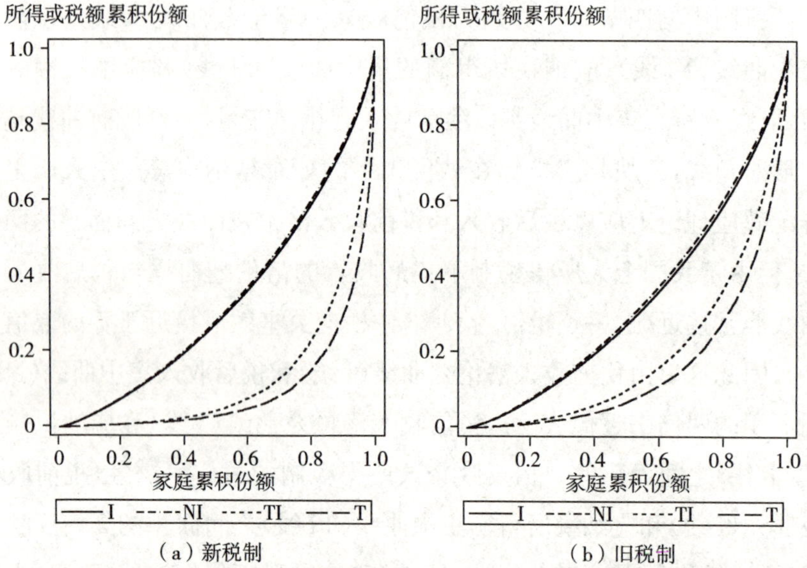

图21 税制调整对个人所得税再分配效应的影响:基于基尼系数
(统计收入口径)

① 根据财政部公布的数据,工薪所得纳税人占全部工薪收入人群的比重,在税制调整后将由28%下降到12%左右。数据来源:http://www.mof.gov.cn/zhengwuxinxi/zhengcejiedu/2011zhengcejiedu/201104/t20110420_539060.html

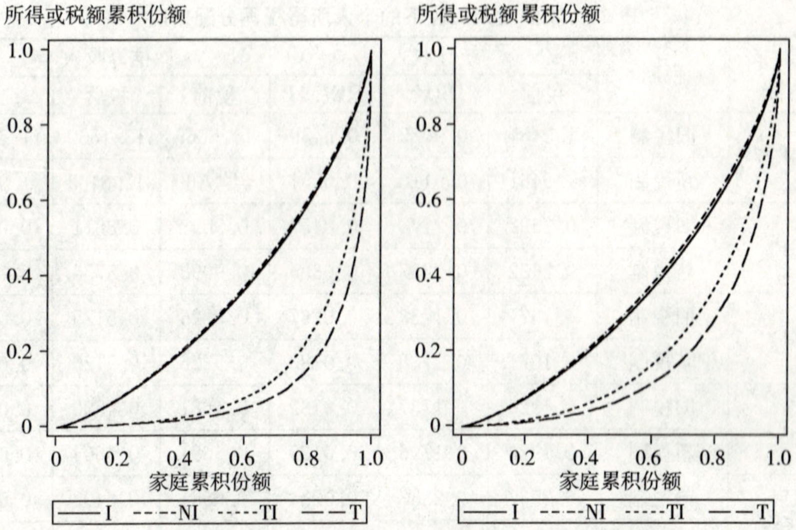

（a）新税制　　　　（b）旧税制

图 22　税制调整对个人所得税再分配效应的影响：基于基尼系数（推算收入口径）

上述基于基尼系数的测算结果基本上和岳希明等（2012）和徐建炜等（2013）的研究结论是一致的。但是，如前文所述，以基尼系数作为基础不平等指标的测算可能不能充分反映税制调整对居民收入分布中高、中、低不同部分的影响，特别是我国个人所得税的最高边际税率在世界上处于较高水平，税制调整中还进一步提高了高收入纳税人的税收负担，在这种情况下税率累进性减弱的测算结果难以令人信服，因此有必要引入广义熵指数进行进一步的分析。

二、基于广义熵指数的测算结果

基于广义熵指数对于 2011 年税制调整对我国个人所得税再分配效应影响的测算结果如表 24 和图 23 所示。

表 24　不同收入口径下的个人所得税再分配效应

不均等指标	税制	统计收入			推算收入		
		税前	税后	RE/MT	税前	税后	RE/MT
GE_4	旧税制	1.5461	0.9022	0.6439	14.8369	13.1650	1.6719
	新税制	1.5461	0.9110	0.6351	14.8369	12.8469	1.9900
GE_2	旧税制	0.2632	0.2176	0.0457	0.9098	0.8811	0.0287
	新税制	0.2632	0.2237	0.0395	0.9098	0.8756	0.0341
GE_1	旧税制	0.1971	0.1733	0.0237	0.5226	0.5125	0.0101
	新税制	0.1971	0.1788	0.0183	0.5226	0.5120	0.0106
GE_0	旧税制	0.1926	0.1737	0.0189	0.4681	0.4590	0.0091
	新税制	0.1926	0.1796	0.0129	0.4681	0.4604	0.0077
GE_{-1}	旧税制	0.2567	0.2333	0.0234	0.6581	0.6402	0.0178
	新税制	0.2567	0.2423	0.0144	0.6581	0.6458	0.0123
基尼	旧税制	0.3349	0.3173	0.0177	0.5217	0.5172	0.0045
	新税制	0.3349	0.3230	0.0120	0.5217	0.5177	0.0040

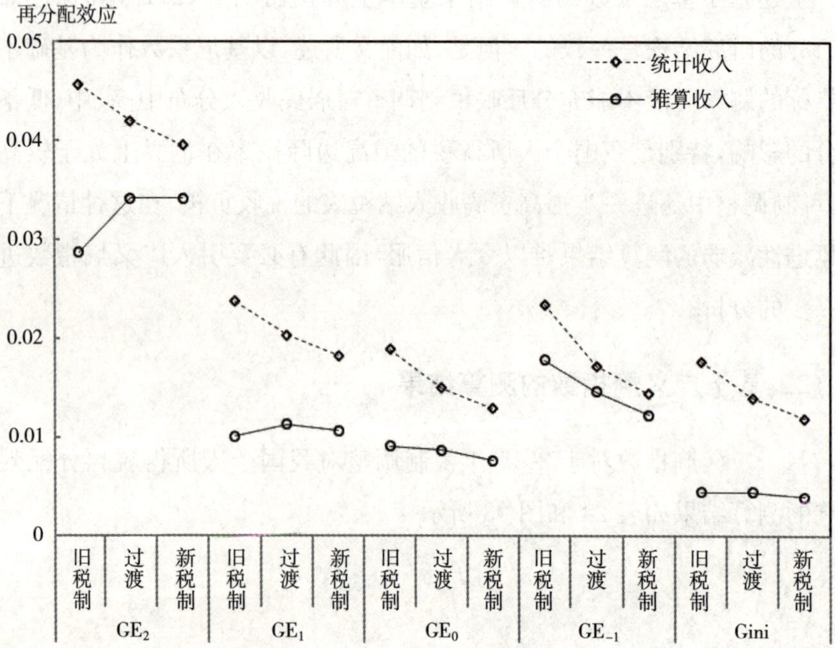

图 23　不同收入口径和不均等指标下税制调整前后的个人所得税再分配效应(2012 年数据)

由表 24 和图 23 可以清楚地看出，新旧税制下个人所得税制再分配效应的相对水平依赖于所采用的不均等指标和收入口径。θ 取值越大，新税制下个人所得税制的再分配效应越“相对”优于旧税制，在推算收入口径下，θ 取值为 1、2 和 4 时新税制的再分配效应反而超过了旧税制。

在图 23 中，我们还增加报告了基于税制调整前计税规则仅将免征额由 2000 元提高到 3500 元而不改变税率结构的一种过渡性课税模式的再分配效应，以分别反映免征额提高和税率结构调整对个人所得税再分配效应的影响。可以看出，上述新旧税制再分配效应对比的差异主要是免征额调整造成的，税率结构调整的影响较小且差别不大。

由于对新旧税制下个人所得税再分配效应的比较等价于对新旧税制下税后收入分配不均等情况的比较，根据本书第三章提出的“洛伦兹占优”的概念，至少在推算收入口径下，无法从总体上确定此次税制调整使个人所得税的再分配效应增强还是减弱。但是，基本测算结果中基于 θ 取值更大的广义熵指数衡量时以及采用推算收入测算时，新税制相对于旧税制的再分配效应都更大，说明税制调整对我国个人所得税的再分配效应可能具有重要的结构性影响。为进一步揭示这种结构性影响，本书利用广义熵指数良好的加和可分解性，对上述利用广义熵指数进行测算的结果进行了组间效应和组内效应的分解。

限于篇幅，以下主要展示统计收入口径和推算收入口径下针对 GE_4 和 GE_2 和 GE_{-1} 三项指标进行的税前不均等指标以及再分配效应的分解情况，如表 25 所示，其中的 G1 到 G5 分别代表样本家庭按收入由低到高排序的五个分组。

表 25　基于广义熵指数的税制调整前后个人所得税再分配效应的分解

分组	统计收入					推算收入				
	税前不均等指标			再分配效应		税前不均等指标			再分配效应	
	GE_θ^x	权重	贡献(%)	旧税制 RE	新税制 RE	GE_θ^x	权重	贡献(%)	旧税制 RE	新税制 RE
(1)	(2)	(3)	(4)	(5)	(6)	(7)	(8)	(9)	(10)	(11)
					GE_4					
G1	0.035	0.004	0	0	0	0.029	0.000	0	0	0
G2	0.004	0.028	0	0	0	0.009	0.004	0	0	0
G3	0.004	0.094	0	0	0	0.006	0.021	0	0	0
G4	0.005	0.325	0.1	0	0	0.009	0.112	0	0	0
G5	0.359	3.590	83.5	0.136	0.147	0.883	15.418	91.8	0.088	0.108
组间	0.254	.	16.4	0.040	0.029	1.213	.	8.2	0.03	0.031
总体	1.546	.	100	0.644	0.635	14.837	.	100	1.672	1.990
					GE_2					
G1	0.040	0.028	0.4	0	0	0.036	0.010	0	0	0
G2	0.004	0.075	0.1	0	0	0.009	0.029	0	0	0
G3	0.004	0.137	0.2	0	0	0.006	0.065	0	0	0
G4	0.005	0.255	0.5	0	0	0.008	0.150	0.1	0	0
G5	0.105	0.847	33.8	0.024	0.026	0.229	1.756	44.2	0.009	0.012
组间	0.171	.	65.0	0.020	0.014	0.505	.	55.5	0.0088	0.0087
总体	0.263	.	100	0.046	0.040	0.910	.	100	0.029	0.034
					GE_{-1}					
G1	0.107	0.538	22.5	0	0	0.104	0.912	14.4	0	0
G2	0.004	0.327	0.6	0	0	0.009	0.527	0.7	0	0
G3	0.004	0.242	0.3	0	0	0.006	0.350	0.3	0	0
G4	0.005	0.177	0.3	0	0	0.008	0.231	0.3	0	0
G5	0.057	0.097	2.2	0.009	0.010	0.160	0.067	1.6	0.002	0.004
组间	0.190	.	74.1	0.020	0.012	0.544	.	82.6	0.015	0.011
总体	0.257	.	100	0.023	0.014	0.658	.	100	0.018	0.012

注：各组组内不均等对总体不均等的贡献的计算公式为(4)＝(2)×(3)÷总体不均等×100，(9)＝(7)×(8)÷总体不均等×100，其中第(3)列和第(8)列为各组组内不均等对总体不均等的贡献的权重，设第 i 组的平均收入为 $\bar{y}_i$，总体平均收入为 $\bar{y}$，第 i 组个体数占总体个体数的比重为 m_i，权重为 W_i，则 $w_i = m_i\,(\bar{y}_i/\bar{y})^\theta$；组间不均等对总体不均等的贡献的计算公式为(4)＝(2)÷总体不均等×100，(9)＝(7)÷总体不均等×100。

由上表可见，在不同收入口径下以不同指标衡量时，个人所得税对最高收入家庭组内（G5）的再分配效应在新税制下（第6、11列）都超过旧税制（第5、10列）。当广义熵指数中的敏感性参数θ取2和4时，高收入家庭组内不均等对总体不均等贡献的权重相对更大，于是以GE_2和GE_4衡量时新税制下个人所得税的总体再分配效应与旧税制相比显得更大。由于最高收入的家庭组的税前组内收入差距（表中第2、7列）及对于总体不平等的贡献（第4、9列）均远远超过其他组，更好地缩小高收入家庭组的组内收入差距，确实是个人所得税制调整的应有之义，也是此次税制调整的主要成效。

同时，从组间收入差距看，新税制下的再分配效应相对弱于旧税制，在统计收入口径下这种状况更为明显。由于组间收入差距对于总体不均等的贡献明显超过组内收入差距，在缩小组间收入差距方面表现不佳成为拖累新税制总体上改善个人所得税再分配效应的主要因素。

新税制缩小了高收入组家庭内部的收入差距，必然是通过增加其中较高收入者的税收负担，却为何最终没有缩小不同收入水平的家庭组之间的差距呢？为了探究造成这种状况的原因，我们需要结合我国当前居民家庭收入的结构特征进一步分析不同收入水平家庭组的税收负担在税制调整前后的变化情况。

三、基于家庭收入结构和不同收入水平家庭组平均税负的进一步分析

如本章第二节所述（参见图19），我国居民家庭收入的不均等状况十分突出，最富有的家庭占有社会总收入的比重远远超过其他家庭。更重要的是，最富有的家庭赚取的工薪收入占全社会总的工薪收入的比重同样是最高的，那种认为“工薪阶层”就相当于中低收入阶层的观念并不符合我国居民家庭收入分配的实际情况。于是，此次主要减轻工薪收入税负的税制调整固然降低了部分中低收入家庭的负担，却使中高收入以及高收入家庭受益更多。如表26所示，在统计收入口径下，税制调整后收入最高的20％家庭的税负降幅接近收入最低的20％家庭税负降幅的7倍。尽管税制调整确实提高了部分纳税人的税收负担，比如月工资薪金收入在21100元以上

者，但经测算，在2012年的城镇住户调查数据中，21100元已经处于"工资及补贴收入"的第99.85分位数的水平了。也就是说，税制调整仅仅使高收入组家庭中较少的处于收入分布塔顶的居民家庭税负增加，而其他同样处于高收入组当中的更多家庭的税负却降低了，于是，总体上高收入组家庭的收入份额反而增加，不同收入水平的家庭组之间的收入差距就扩大了。

表26　按总收入由低到高排序的五个家庭组税制调整前后平均税负的对比

组别	统计收入口径			推算收入口径		
	旧税制	新税制	税负降幅	旧税制	新税制	税负降幅
G1	0.73	0.24	0.49	0.68	0.22	0.46
G2	1.16	0.22	0.94	1.04	0.2	0.84
G3	2.14	0.46	1.68	1.72	0.37	1.35
G4	3.63	1.10	2.53	2.63	0.79	1.83
G5	7.42	3.98	3.44	3.03	1.55	1.48

不过，我们也看到，在推算收入口径下，虽然仍然是低收入组家庭的税负降幅最低，但税负降幅最高的转变为次高收入组家庭。这是由于高收入组家庭的总收入中隐性收入占据了更高比重，隐性收入在税改前后均不征税，税改对其负担没有影响，因而该组家庭平均税负降低的幅度有所减弱。这也是推算收入口径下税制调整后组间再分配效应减弱的幅度相对较小从而总体再分配效应也相对较好的原因。

显然，引入广义熵指数使我们能够从结构角度分析税制调整对个人所得税再分配效应的影响，从而得到更为确切而丰富的信息，我们发现税制调整后我国个人所得税在"调节高收入"方面的作用显著增强。同时，我们也看到，在包含隐性收入的推算收入口径下考量，税制调整后收入处于中高水平的家庭受益最大，这一点与我国扩大中等收入群体的收入分配政策目标是一致的。

基于不同的不均等指标对个人所得税再分配效应的判断有明显的差别，选用侧重反映个人所得税对低收入家庭调节作用的指标衡量时，2011年税制调整减弱了我国个人所得税的再分配效应，而选用侧重反映个税对高收入家庭调节作用的指标衡量时，此次税制调整使我国个人所得税的再分配效应有所改善。这就表明应该从结构层面重新考虑我国个人所得税再分配功能的目标定位、评价指标及政策手段。针对当前个人所得税对低收入阶层调节力度较小的实际情况，可以有两种政策选择，一是将个人所得税的再分配功能定位明确为“调节高收入”，而将对低收入群体的调节功能分配于社会保险、最低生活保障等其他政策手段，由此，应该选择 GE_2、GE_4 等基础不均等指标评价个人所得税的再分配效应，从而充分肯定 2011 年税制调整的成效并在未来个人所得税制调整的过程中坚持原有的改革方向，如继续推进免征额指数化调整，适度降低适用较高边际税率的收入水平等；二是仍然将“调节低收入”放在个人所得税的再分配功能范围内，为此可以继续选择基尼系数作为基础不平等指标评价个人所得税的再分配效应，但是必须改变当前个人所得税仅针对高收入群体单向调节的做法，适时在个人所得税制度中引入劳动所得抵免等安排，从而增加低收入阶层的收入，改善个人所得税的总体再分配效果。

第五节　本章小结

本章尝试运用新的数据和方法测算了 2011 年个人所得税制调整对我国个人所得税再分配效应的影响。一方面通过利用微观数据以及对隐性收入进行测算，将个人所得税再分配效应研究建立在更接近现实的数据基础上；另一方面，通过将广义熵指数引入个人所得税再分配效应的研究，揭示了 2011 年税制调整使我国个人所得税制更有效地缩小了高收入群体内部的不均等，且中高（指中等偏上）收入家庭受益最大，因此一定程度上改善了我国个人所得税的再分配效应。

本章的测算结果展示了居民收入结构对我国个人所得税再分配效应的重要作用。根据包含与不包含隐性收入的居民家庭收入数据，关于 2011 年税制调整的影响得出的结论有明显差异，因此未来在设计个税改革方案时需要高度重视家庭收入结构对个人所得税再分配效应的影响。

基于不同的不均等指标对个人所得税再分配效应的判断差别也很大，

选用侧重于反映个税对低收入家庭调节作用的指标衡量时，个税调整的再分配效应不理想，而选用侧重于反映个税对高收入家庭调节作用的指标衡量时，个税调整的再分配效应有所改善。这就表明应该从结构上细化我国个人所得税再分配功能的目标定位，相应地采取适当的评价指标及政策手段。

第五章

我国个人所得税再分配效应的改善途径：总体税制调整的效应分析

前文分析表明 2011 年的税制调整一定程度上改善了我国个人所得税的再分配效应，但是，我国个人所得税再分配效应偏弱也是不争的事实，因此下一步仍有必要采取措施来进一步改善我国个人所得税的再分配效应。本章将着重对不同总体税制调整方案下我国个人所得税的再分配效应进行模拟测算，从而分析通过总体税制调整改善我国个人所得税再分配效应的途径。

第一节　对我国个人所得税制调整方案的研究综述

1994 年税制改革以来，我国学者对于进一步完善个人所得税制的方案进行了长期的研究探讨，并从税制模式选择和税制要素设计等多角度提出了对策建议，这些研究成果是本书以下将开展的模拟分析的重要基础。

一、关于课税模式选择的研究

(一)关于理想税制模式的观点

选择何种课税模式是个人所得税制调整方案中首先需要解决的一个问

题，目前多数学者认为我国当前的分类个人所得税制存在很多弊端[①]，因此不应继续实行分类个人所得税模式，对于未来应选择的课税模式，则主要有综合个人所得税模式（金晓通，2003；李炜光，2011；刘佐，2003）、分类综合个人所得税模式（高培勇，2008；李波，2009；岳树民和卢艺，2010）和单一个人所得税模式（李稻葵，2011；李文，2011；刘尚希，2012）三种主张[②]。

其中，学者们主张的综合个人所得税制的优点主要是有利于居民收入分配，缺点则是税收征管和缴纳的成本过高，可行性差；单一个人所得税制的优缺点恰好与综合个人所得税制相反，它在征管上十分简便，但可能无法有效发挥收入再分配的功能；分类综合个人所得税制的支持者一般认为它一方面可以对个人的主要所得进行综合调节，另一方面对较难监控收入的项目可以实行代扣代缴，不需要非常高的征管水平和纳税成本，可以兼顾再分配政策目标和现实征管条件，因而更为可行，主张实行综合个人所得税制的学者通常也认为目前应采用分类综合个人所得税制作为过渡方案。

（二）关于综合与分类相结合的个人所得税制下所得分类的观点

如本书第二章第二节所述，我国已经将“综合与分类相结合的个人所得税制”作为个人所得税制改革的目标模式，这一做法与分类综合个人所得税制在学术界受为更广泛推崇的状况是一致的，而我国学者主张的“综合与分类相结合的个人所得税制”主要是将一部分所得将作为综合所得，按统一的累进税率计税，而其他所得，仍按比例税率实行分项征收（高培勇，2011），这相当于实行分立型的分类综合个人所得税制。显然，将全部应税所得在综合所得和分类所得之间进行适当分类是实行这种类型的分类综合个人所得税制的必要前提，因此许多学者就所得分类问题提出了自己的观点，其中代表性的有：

第一，按经常性和非经常性进行所得分类。根据这种分类方法，工资薪

---

① 当然，仍有学者（如余显财，2011）认为由分类税制向分类综合税制或综合税制转向的建议并不一定能实现预期的政策目标，从我国的国情考虑，当前的分类税制已经是一种恰当的税制模式。

② 也有学者提出实施半二元所得税制（李林木，2012）和二元所得税制（陈东和朱昭霖，2008）的主张，这两种税制应属于分类综合所得税制的特殊形式。

金所得、生产经营所得、劳务报酬所得、财产租赁所得等有较强连续性或经常性的收入将作为综合所得适用统一的累进税率，而财产转让、特许权使用费、利息、红利、股息等其他所得，将仍按比例税率实行分项征收（参见人民日报记者，2005）。根据本书第一章关于半综合、半二元个人所得税制特征的介绍，这种分类办法接近于半综合个人所得税制下的所得分类。

第二，参照二元所得税制的模式进行分类。根据这种方法，应将应税所得区分为资本所得和劳动所得两类，对劳动所得适用累进税率课税，而对于资本所得适用比例税率课税。就划分结果看，这种分类方法与上述第一种分类方法的主要区别是：第一，财产租赁所得因为属于资本所得，应列入适用比例税率的范围；第二，经营所得需要划分为资本所得和劳动所得，借鉴北欧国家的做法，需要先按经营资产价值和一定的平均收益率确定资本所得水平，再以其余额作为劳动所得（陈东和朱昭霖，2008）。

第三，参照半二元所得税制的模式进行分类。根据这种方法，现行税制下的 12 类应税所得项目（不包括其他所得）应整合为三大类：劳动所得（包括工资薪金所得，劳务报酬所得，稿酬所得）、资本所得（包括利息、股息、红利所得，特许权使用费所得，财产租赁所得，财产转让所得，偶然所得也可归入此类）和生产经营所得（包括个体工商户的生产、经营所得，对企事业单位的承包经营、承租经营所得，个人独资企业和合伙企业的所得），设置三类税率，资本所得适用统一的比例税率，劳动所得和生产经营所得分别适用不同的累进税率表（李林木，2012）。

二、关于税制要素设计的研究

不同的税制模式事实上是税制要素的不同组合，同时，即便确立了某一种税制模式，通常也需要进一步考虑税制要素的设计问题，因此许多学者单独就主要税制要素的调整问题展开了研究。

（一）费用扣除标准的调整

费用扣除标准，特别是工资薪金所得的费用扣除标准是关于我国个人所得税税制要素研究的一个焦点问题。《中华人民共和国个人所得税法》自 1980 年颁布以来，共经历了 6 次修正，其中有 4 次修正都提高了工资薪金所得的费用扣除标准。究其原因，提高工资薪金所得的费用扣除标准是相对简便易行且易为社会公众接受的一种完善个人所得税制的措施。从已有的研究成果看，确有研究认为上调费用扣除标准有助于改善个人所得税的再分配效应（如安福仁和沈向民，2011）。但是，更多学者反对简单地提高个人所得税的费用扣除标准（如陈工和陈伟明，2011；刘汉屏，2005；朱青，2003）。另一些学者将研究的重点放在了确定个人所得税费用扣除标准的依据，如杨斌（2006）认为费用扣除标准应以农村中等收入户的生活消费支出为依据，为避免越富有的地区税负越轻的情况，费用扣除标准应全国统一，同时为了适应物价水平和社会经济发展的变化情况，费用扣除标准应当实行指数化；陈建东和蒲明（2010）认为费用扣除标准的确定还应考虑居民收入的分布状况，为减轻包括中间收入阶层在内的中低收入阶层的税收负担，宜用三分之二或四分之三分位点对应的收入作为费用扣除额，使三分之二或四分之三的城镇居民免交个人所得税。

（二）税率结构的优化

税率结构优化是个人所得税税制设计的另一个要点。从发达国家税制改革的实践看，税率结构调整的措施主要是降低最高边际税率以及简并税率级次，我国学者基本上认同我国税率结构调整也应该遵循这一方向。如刘怡、胡祖铨和胡筱丹（2010）认为我国个人所得税工资薪金所得适用的税率级距过密，尤其是对中低收入者来说，边际税率的上升速度过快，这实际上对中低收入者造成不公平，因而主张扩宽中低收入部分的级距，并减少税级、降低税率。古建芹和张丽微（2011）认为可以考虑将我国个人所得税中工资薪金所得适用税率的级次设为 6 级，将最高税率设在 35% 左右，初始税率仍保持在 5%，同时适当扩大第一档税率的适用区间，以降低较低收入者的税收负担。郝春虹（2006）基于最优税收理论测算得到我国个人所得税的最高边际税率在 36%左右为宜。

（三）计税单位的选择

就计税单位而言，杨斌（2002）、李华（2011）和赵惠敏（2004）等多位学者建议以家庭为单位征收个人所得税，但白景明（2011）等认为我国以家庭为单位征收个人所得税条件还不成熟，其原因主要是人户分离、夫妻两地分居等情况导致我国地方税务机关难以对家庭进行有效征管，而扣缴单位也难以掌握家庭的全部收入，无法进行有效的源泉扣缴。岳树民和卢艺(2013)指出以家庭为单位课税，虽然更为公平，但可能违背“婚姻中性”或对女性的劳动参与造成负面影响，因此以家庭和个人作为纳税单位各有利弊，在选择家庭和个人作为纳税单位时都应采取一定的修正措施，其中以个人为纳税单位时的修正措施即为增加基于家庭赡养人口的扣除项目。

(四)计税期间的选择

我国当前的分类个人所得税制下，对于计税期间采取了按月计税(如工资薪金)、按年计税(如生产经营所得)和按次计税(如劳务报酬)相结合的办法，朱为群(2017)、滕风华(2016)、万莹(2007)、张斌(2006)等多位学者指出这将导致工资薪金所得报税工作量增大、收入月度波动较大的纳税人税负增加等弊端，因此主张借鉴发达国家的做法，逐步对各类所得实行按年计税。

第二节　对于总体税制调整备选方案的设计

为了测算关于税制调整的不同建议对个人所得税再分配效应的影响，本节将以税制模式的划分为主，适当考虑计税单位、计税期间、费用扣除标准、税率等的不同选择，归纳出主要的税制调整备选方案。

一、课税模式

我们的备选方案将包含五种个人所得税的课税模式，综合税制、半综合税制、半二元税制、分类税制和单一税制。在第一章第三节讨论的典型个人所得税制模式中，我们将不再考虑纯粹的二元个人所得税制，这是因为该模式涉及经营所得在劳动所得和资本所得之间的分配，使税制变得复杂，并且从北欧国家的实践看，困难和争议比较多。另外，虽然多数学者主张我国应放弃现行的分类个人所得税制，但也有学者强调现行的分类个人所得税制是适应我国国情的现实选择，并且即使是向其他税制模式转换，在尚未完成税制模式转换的过渡期，也有学者提出对课税单位等税制要素进行调整的主张，同时现行税制有助于作为对比的基准，因此分类税制作为一种税制模式仍将列入我们的备选方案。

二、应税所得的分类

在综合税制下，所有所得将合并累进课税；在半综合税制下，工资薪金、劳务报酬和经营所得合并累进课税，其他所得按统一的比例税率课税；在半二元税制下，工资薪金和劳务报酬合并累进课税，经营所得单独累进课税，其他所得按统一的比例税率课税；在分类税制下，工资薪金、劳务报酬和经营所得分别单独累进课税，其他所得按统一的比例税率课税；在单一税制下，所有所得按统一的比例税率课税。

其中工资薪金、劳务报酬、经营所得分别对应于城镇住户调查数据中的“工资及补贴收入”“其他劳动收入”和“经营净收入”，其他所得对应于“转移性收入”和“财产性收入”的和（参见表18）。

三、计税单位

在每种税制模式下，都将考虑以家庭和以个人为计税单位两种情况，其中以个人为计税单位是现行税制下的做法，以家庭为计税单位的方案是考虑文献中关于税制调整的建议而设置的。

四、计税期间

在每种税制模式下，针对个人计税时，将考虑按年计税和按月计税两种情况，其中按月计税是现行税制下的做法，按年计税的方案是考虑税制调整建议而设置的。

但是，按月计税和按年计税的区别主要对工资薪金和劳务报酬两类应税所得有意义，经营所得在所有税制模式下均按年计税，其他所得因为在每种税制模式下都适用统一的比例税率，按年计税和按月计税时税收负担相同。

因为经营所得在所有税制模式下均按年计税，在对经营所得和工资薪金、劳务报酬合并累进计税的“半综合税制”及全部所得合并累进计税的“综合税制”下，只考虑按年计税一种计税期间。

以家庭为计税单位时，因为税制的综合性已经很强，没有必要再实行按月计税，因此也只考虑按年计税一种计税期间。

五、费用扣除标准

分类税制下的工资薪金，半二元税制、半综合和综合税制下合并累进计税的所得和单一税制下的总所得适用现行税制下的每月3500元的费用扣除标准(即“免征额”)。在税制调整方案中保持免征额不变是因为降低免征额很难为公众所接受，而基于下文分析容易推断进一步提高免征额不利于个人所得税再分配效应的改善。在以个人为计税单位时，每个有收入的家庭成员都可扣除这一金额[①]，而在以家庭为计税单位时，对每个家庭成员均采用相同的费用扣除标准，参考2011年调整免征额时依据的1.93的赡养系数[②]，我们将费用扣除标准调整为每人每月2000元。

对于经营所得，在分类税制和半二元税制下，家庭户主扣除每月3500元的费用，在半综合、综合和单一税制下，不再单独扣除费用。

对于劳务报酬，分类税制下以个人为计税单位时，每月劳务报酬在4000元及以下时，扣除800元的费用，在4000元以上时，扣除20%的费用，以家庭为计税单位时，家庭人均每月劳务报酬在4000元及以下时，扣除800元的费用，在4000元以上时，扣除20%的费用。而在半综合、半二元、综合和单一税制下，都因并入其他所得综合课税而不再单独扣除费用。

六、税率

(一)累进税率部分

综合税制下对所有应税所得适用现行税制下工资薪金所得适用的3%到45%的7级超额累进税率。

---

① 当得到的应纳税所得额为负时，应纳税额则为0。

② 据财政部新闻办公室：《财政部国家税务总局有关负责人就〈个人所得税法修正案(草案)〉有关问题答记者问》，网址 http://www.mof.gov.cn/zhengwuxinxi/zhengcejiedu/2011zhengcejiedu/201104/t20110420_539060.html，2011－04－20。

半综合税制下对工资薪金、劳务报酬和经营所得适用3%到45%的7级超额累进税率。

半二元税制下对工资薪金和劳务报酬适用3%到45%的7级超额累进税率，对经营所得适用现行税制下经营所得适用的5%到35%的5级超额累进税率。

分类税制下对工资薪金适用3%到45%的7级超额累进税率，对劳务报酬适用20%到40%的3级超额累进税率，对经营所得适用5%到35%的5级超额累进税率。

(二)比例税率部分

现行分类税制下对财产性收入和转移性收入主要采用的是20%的比例税率，但是对部分的财产性收入(如储蓄存款利息、上市公司股息所得等)和转移性收入(如养老金、离退休金、辞退金、保险赔款、提取住房公积金等)实行了免税或减税的待遇，由于减免税项目与住户调查数据中的收入项目无法一一对应，我们在第四章的测算中采取了根据住户调查数据中"交纳所得税"的数额确定这两类所得应纳税额的办法。对于分类税制下的备选改革方案(即将计税期间调整为年以及将计税单位调整为家庭)，本章将沿用这一办法。

在半综合、半二元税制模式下，对于财产性收入，将统一适用20%的比例税率，即通过取消减免税来体现拓宽税基并对资本所得统一课税的税制改革思想。但是，转移性收入项下的现有减免多针对中低收入阶层，税制调整中宜予以保留，因此备选税制方案下转移性收入应纳税额的计算方法将与现行税制相同，即根据住户调查数据中"交纳所得税"的数额确定。

单一个人所得税制下所有的应税所得将适用统一的比例税率，出于比较分析的目的，我们采用10%、15%、20%和25%四种税率。

基于上述设计，我们即将测算分析的个人所得税制调整主要备选方案有21种(见表27)，其中不同税制模式下各类应税所得的适用税率和费用扣除标准见表28和表29。

表 27　个人所得税制调整的主要备选方案

序号	税制模式	计税单位	计税期间
1	分类税制	个人	年
2	分类税制	家庭	年
3	半二元税制	个人	月
4	半二元税制	个人	年
5	半二元税制	家庭	年
6	半综合税制	个人	年
7	半综合税制	家庭	年
8	综合税制	个人	年
9	综合税制	家庭	年
10	单一税制(10%税率)	个人	月
11	单一税制(10%税率)	个人	年
12	单一税制(10%税率)	家庭	年
13	单一税制(15%税率)	个人	月
14	单一税制(15%税率)	个人	年
15	单一税制(15%税率)	家庭	年
16	单一税制(20%税率)	个人	月
17	单一税制(20%税率)	个人	年
18	单一税制(20%税率)	家庭	年
19	单一税制(25%税率)	个人	月
20	单一税制(25%税率)	个人	年
21	单一税制(25%税率)	家庭	年

表 28　不同税制模式下主要应税所得的适用税率设计

所得 税制	工资薪金	劳务报酬	经营净收入	财产收入	转移收入
分类税制	3%～45%	20%～40%	5%～35%	根据纳税额	根据纳税额
半二元税制	3%～45%		5%～35%	20%	根据纳税额
半综合税制	3%～45%			20%	根据纳税额
综合税制	3%～45%				
单一税制	10%、15%、20%、25%				

表 29　不同税制模式下主要应税所得的费用扣除标准设计

税制＼所得	工资薪金	劳务报酬	经营所得	其他所得
分类税制	每月 3500 元	800 元或 20%	每月 3500 元	无
半二元税制	每月 3500 元		每月 3500 元	无
半综合税制	每月 3500 元			无
综合税制	每月 3500 元			
单一税制	每月 3500 元			

注：1. 以家庭为计税单位时实际费用扣除额为费用扣除标准乘以家庭人口数，原 3500 元的费用扣除标准调整为 2000 元；2. 隐性收入免税。

在每种税制模式下对于不同的计税单位和计税期组合，我们均根据相应的规则模拟得到家庭年度人均的税前收入、应纳税所得额、应纳税额和税后收入，从而得到对再分配效应进行测算的基础数据。

七、应纳税额计算步骤和方法

我们将考察的不同税制调整方案涉及税制要素的多种不同组合，表 30 列示了不同税制方案下应纳税额的主要计算步骤及相应的费用扣除标准和适用税率。

第三节　不同税制调整方案下个人所得税再分配效应的测算结果

我们采用推算收入数据口径[①]以及基尼系数和广义熵指数两种基础不均等指标，针对表 27 中列示的 21 种税制调整方案以及现行税制（即以个人为计税单位、按月计税的分类税制）下的个人所得税再分配效应进行了模拟测算，结果如表 31 所示。

① 关于数据的详细介绍见第四章第二节。

表 30　不同税制方案下应纳税额的计算步骤[1]

步骤序号	计算应纳税额的对象	适用税制方案													费用扣除标准[2]（金额单位:元）	税率[3]
		分类			半二元			半综合		综合		单一				
		个人		家庭	个人		家庭	个人	家庭	个人	家庭	个人		家庭		
		月度	年度	年度	月度	年度	年度	年度	年度	年度	年度	月度	年度	年度		
1	个人/劳务报酬/月度	■													800 或 20%	20%～40%
2	个人/工资薪金/月度	■													3500	3%～45%
3	个人/工资性收入/月度				■										3500	3%～45%
4	个人/总收入/月度											■			3500	10%、15%、20%、25%
5	年度合计:月度数据加总	■	■		■	■		■		■			■			
6	个人/劳务报酬/年度		■												800×12 或 20%[4]	20%～40%
7	个人/工资薪金/年度		■												3500×12	3%～45%
8	个人/工资性收入/年度					■									3500×12	3%～45%
9	个人/经营性收入/年度	■	■		■	■									3500×12	5%～35%
10	个人/工资性+经营性收入/年度							■							3500×12	3%～45%
11	个人/总收入/年度									■					3500×12	3%～45%
12	个人/总收入/年度												■		3500×12	10%、15%、20%、25%
13	家庭合计:个人数据加总	■	■	■	■	■	■	■	■	■	■	■	■	■		
14	家庭/工资薪金/年度			■											2000×12×P	3%～45%
15	家庭/劳务报酬/年度			■											800×12×P 或 20%[5]	20%～40%
16	家庭/工资性收入/年度						■								2000×12×P	3%～45%

续表

步骤序号	计算应纳税额的对象	适用税制方案													费用扣除标准[2]（金额单位：元）	税率[3]
		分类			半二元			半综合		综合		单一				
		个人		家庭	个人		家庭	个人	家庭	个人	家庭	个人		家庭		
		月度	年度	年度	月度	年度	年度	年度	年度	年度	年度	月度	年度	年度		
17	家庭/经营性收入/年度			■			■								2000×12×P	5%～35%
18	家庭/工资性＋经营性收入/年度								■						2000×12×P	3%～45%
19	家庭/财产性收入/年度[6]	■	■	■												据统计实际纳税额
20	家庭/财产性收入/年度				■	■	■	■	■							20%
21	家庭/转移性收入/年度	■	■	■	■	■	■	■	■							据统计实际纳税额
22	家庭/总收入/年度										■				2000×12×P	3%～45%
23	家庭/总收入/年度													■	2000×12×P	10%、15%、20%、25%
24	年度家庭总收入合计：分项收入数据加总	■	■	■	■	■	■	■	■							

注：1. 家庭年度总所得的税前所得、应纳税所得额、应纳税额和税后所得的主要计算步骤共有 24 项，不同的税制方案的具体计算步骤各不相同，某一税制方案对应需要采用的步骤在表中以阴影表示，同时表格右侧两列列示了计算应纳税额的各步骤对应的费用扣除标准和适用的累进税率，当税制模式为单一税制时适用税率为相应的比例税率；

2. 费用扣除标准公式中 P 指家庭人口数；

3. 税率档次的转换参照现行税制下的标准，即对经营性收入以家庭为单位计税时，按家庭年人均收入水平扣除费用后确定适用税率；对工资薪金和劳务报酬以个人为单位按年计税时，以相应家庭成员的月平均收入水平扣除费用后确定适用税率，以家庭为单位按年计税时，以家庭人均月收入水平扣除费用后确定适用税率；

4. 月平均劳务报酬不超过 4000 元，则费用扣除为每月 800 元，超过 4000 元，则费用扣除为税前劳务报酬的 20%。

5. 家庭人均月平均劳务报酬不超过 4000 元，则费用扣除为每人每月 800 元，超过 4000 元，则费用扣除为税前劳务报酬的 20%；

6. 由于财产性收入和转移性收入在各个税制模式下均不实行累进计税，计税期和计税单位的选择不影响税收负担，所以采用直接计算家庭年度应纳税额的方法。

表 31　不同税制方案下个人所得税再分配效应的模拟测算结果(推算收入口径)

税制模式		分类税制			半二元税制		
计税单位		个人		家庭	个人		家庭
计税期		月度	年度	年度	月度	年度	年度
均等化效应	GE_2	0.0341	0.0335	0.0280	0.0347	0.0344	0.0289
	GE_1	0.0106	0.0101	0.0080	0.0111	0.0108	0.0087
	GE_0	0.0077	0.0069	0.0051	0.0084	0.0079	0.0062
	GE_{-1}	0.0123	0.0102	0.0070	0.0141	0.0129	0.0099
	基尼	0.0040	0.0036	0.0027	0.0043	0.0041	0.0032
税制模式		半综合税制			综合税制		
计税单位		个人		家庭	个人		家庭
计税期		月度	年度	年度	月度	年度	年度
均等化效应	GE_2	—	0.0308	0.029	—	0.0345	0.0352
	GE_1	—	0.0098	0.0088	—	0.0109	0.0112
	GE_0	—	0.0072	0.0062	—	0.0078	0.0082
	GE_{-1}	—	0.0119	0.0100	—	0.0123	0.0129
	基尼	—	0.0037	0.0032	—	0.0041	0.0043
税制模式		单一税制(10%)			单一税制(15%)		
计税单位		个人		家庭	个人		家庭
计税期		月度	年度	年度	月度	年度	年度
均等化效应	GE_2	0.0145	0.0164	0.0154	0.0219	0.0246	0.0233
	GE_1	0.0060	0.0067	0.0079	0.0090	0.0100	0.0119
	GE_0	0.0056	0.0061	0.0086	0.0084	0.0091	0.0129
	GE_{-1}	0.0105	0.0110	0.0167	0.0157	0.0165	0.0251
	基尼	0.0028	0.0031	0.0044	0.0042	0.0046	0.0066
税制模式		单一税制(20%)			单一税制(25%)		
计税单位		个人		家庭	个人		家庭
计税期		月度	年度	年度	月度	年度	年度
均等化效应	GE_2	0.0292	0.0329	0.0312	0.0366	0.0412	0.0393
	GE_1	0.0120	0.0134	0.0160	0.0151	0.0168	0.0201
	GE_0	0.0112	0.0121	0.0173	0.0140	0.0152	0.0216
	GE_{-1}	0.0209	0.0220	0.0334	0.0260	0.0275	0.0418
	基尼	0.0057	0.0062	0.0089	0.0071	0.0077	0.0112

根据表 31 所示测算结果，我们可以从不同角度归纳总体税制调整对我国个人所得税再分配效应的影响。

一、计税期从月度调整到年度的影响

图 24 显示了计税单位为个人而计税期由月度向年度转变时，在分类、半二元以及四种税率的单一税制下个人所得税再分配效应的变化情况。可以看出，基于基尼系数和四种敏感性参数取值的广义熵指数测算时，计税期从月度到年度的转变在分类和半二元税制下均使再分配效应减弱，但在四种税率的单一税制下再分配效应均增强。

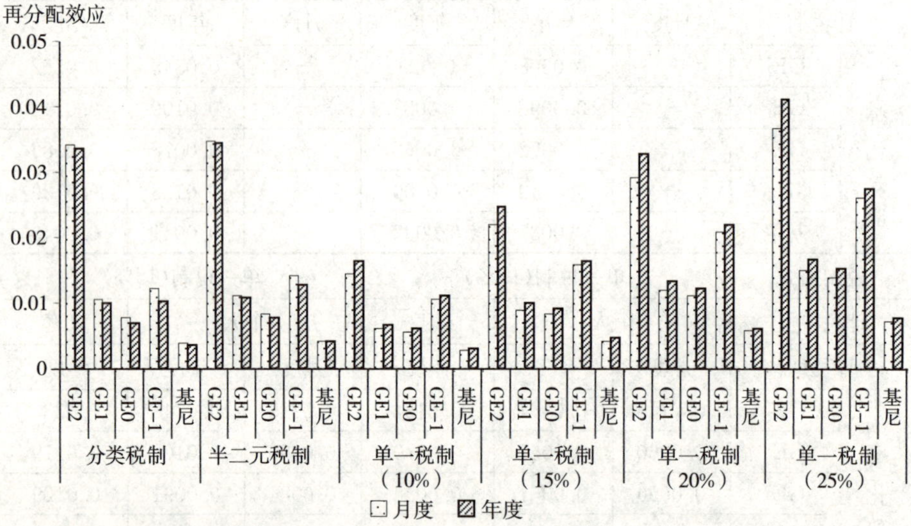

图 24　计税期从月度调整到年度对个人所得税再分配效应的影响

二、计税单位从个人调整到家庭的影响

图 25 显示了计税期为年度而计税单位由个人向家庭转变时，在 8 种税制方案下个人所得税再分配效应的变化情况。可以看出，基于 5 种基础不均等指标测算的结果，在分类、半二元和半综合税制下再分配效应都减弱了，但在综合税制以及税率为 15%、20%和 25%的单一税制下再分配效应均增强。在税率为 10%的单一税制下，不同指标测算的再分配效应变化情

况出现了分化，根据敏感性参数取值为 2 的广义熵指数，再分配效应弱化，而根据其他不均等指标测算时，再分配效应增强。

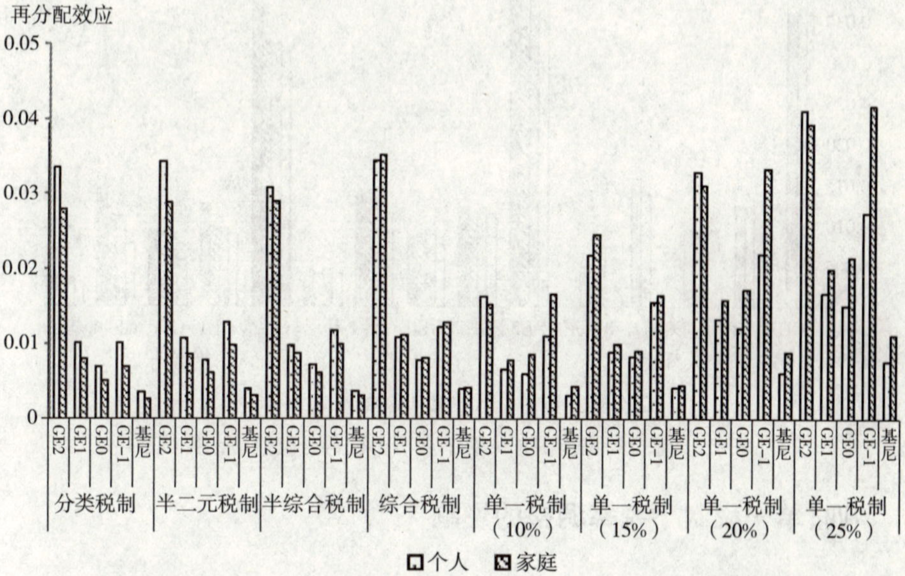

图 25　计税单位从个人调整到家庭对个人所得税再分配效应的影响

三、综合累进计税范围扩大的影响

图 26 显示了在个人月度、个人年度和家庭年度三种计税单位和计税期组合下税制模式按分类、半二元、半综合、综合的次序转变对个人所得税再分配效应的影响，在这个转变过程中，综合累进计税的范围逐步扩大。可以看出，综合累进计税范围的扩大对个人所得税再分配效应的影响不明确，比如以各个不均等指标衡量时在三种计税单位和计税期组合下由分类税制向半二元税制转变以及由半综合税制向综合税制转变均可改善再分配效应，但由半二元税制向半综合税制转变时，以家庭为计税单位按年计税时再分配效应变化不大，以个人为计税单位按年计税时再分配效应反而弱化了。

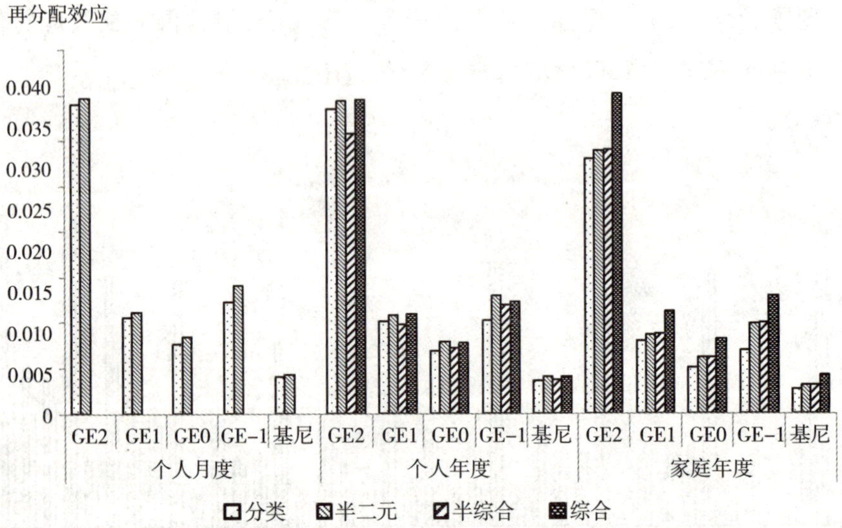

图 26 综合计税范围扩大对个人所得税再分配效应的影响

四、单一税制下税率调整的影响

单一税制下税率调整对个人所得税的再分配效应的影响如图 27 所示，可以看出，当税率由 10%逐步提高到 25%时，在不同的计税单位和计税期间组合下根据五种指标测算的再分配效应均逐步增强。

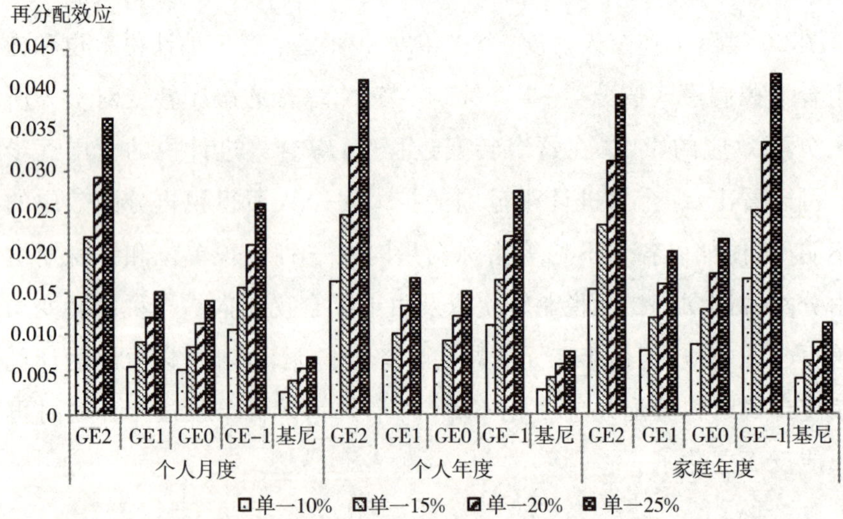

图 27 单一个人所得税制下税率提高对个人所得税再分配效应的影响

五、不同税制模式的比较

在表31中我们可以看出，税率为25%时，单一税制的再分配效应超过了包括综合税制在内的所有其他税制模式，但25%的税率水平可能导致中低收入纳税人税负上升的幅度过大，同时，税率为10%时单一税制下的再分配效应又明显弱于大部分其他税制模式，因此我们着重就15%和20%两种税率水平下的单一税制与其他税制模式进行对比，如图28所示。可以看出，基于基尼系数以及敏感性参数小于2的广义熵指数衡量时，税率为20%的单一税制下个人所得税的再分配效应优于包括综合税制在内的所有其他税制模式；而以敏感性参数为2(及以上)的广义熵指数衡量时，则综合税制下的再分配效应最为优越。

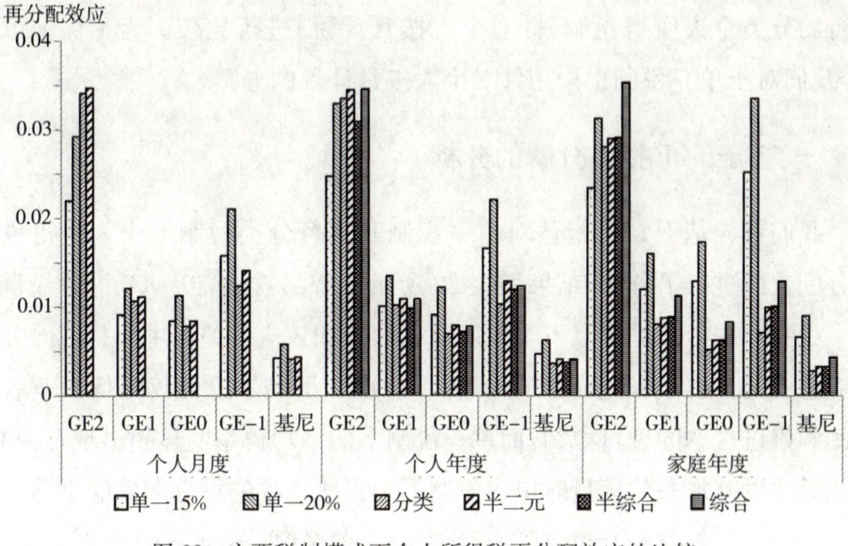

图28　主要税制模式下个人所得税再分配效应的比较

上述测算结果具有重要的政策含义。理论上，个人所得税主要通过对个人所得综合累进计税来发挥对收入分配的调节功能，因此，为了扭转个人所得税再分配效应弱化的状况，尽管面临征管方面的许多制约，我国仍然将增强税制的"综合性"作为个税改革的重要方向，并保持了45%的最高边际税率。同时，一种代表性观点是，为使个人所得税制更为公平，需要将计税单位由个人调整为家庭，将计税期由月度调整为年度。但是，上述结果表明，在我国当前的居民家庭收入结构下，包含累进税率的各种税制调整改善个人所得税再分配效应的效果均不理想，更为简便易行的单一税制却可能收效更强而且明确，因此，深入分析单一个人所得税制对我国个人所得税再分配效应的影响，重新思考我国个人所得税改革的目标模式十分必要。

第四节 对单一税制下个人所得税再分配效应的进一步分析

考虑到税率在15%到20%之间的单一个人所得税制在我国相对较有现实可行性，同时税率为15%和20%时单一税制与其他个人所得税制模式的再分配效应相比较的结果因所采用不均等指标的不同而存在差异，以下我们着重对15%和20%税率水平下单一税制的再分配效应进行分析，并与现行的分类个人所得税制（针对个人按月计税）进行比较。为了保证可比性，我们对于单一税制也采用针对个人按月计税的方案。

一、基于MT指数分解的分析

我们首先基于MT指数对单一税制和现行分类税制下个人所得税的再分配效应进行了分解，结果如表32所示。容易看出，以MT指数衡量时单一税制和现行分类税制下个人所得税再分配效应的差异主要是纵向公平效应造成的。由于有免征额的作用，单一税制下的累进性仅略低于兼有免征额和累进税率的现行税制，而单一税制下的平均税率明显超出现行税制，这就导致以基尼系数衡量时单一税制下个人所得税的再分配效应更强。

表32 单一税制和现行分类税制下的MT指数及其分解

税制 (1)	MT指数 (2)	横向公平效应 (3)	纵向公平效应 (4)	平均税率 (5)	累进性 (6)	免征额的影响 (7)	税率结构的影响 (8)
(1)	(2)	(3)	(4)	(5)	(6)	(7)	(8)
单一税制(20%)	0.0057	－0.0001	0.0058	0.0276	0.2088	0.2088	0
单一税制(15%)	0.0042	－0.0001	0.0043	0.0205	0.2088	0.2088	0
现行税制	0.0040	0	0.0040	0.0141	0.2850	0.2146	0.0704

注：(2)＝(3)＋(4)，(4)＝(5)×(6)，(6)＝(7)＋(8)

二、基于广义熵指数分解的分析

为了揭示敏感性参数 θ 取值不同时根据广义熵指数测算的单一税制与其他税制模式的再分配效应相比较的结果存在差异的原因，我们根据(44)式，对税前广义熵指数以及单一个人所得税制(税率 20%和 15%)和现行分类税制下的再分配效应进行了组间和组内部分的分解，结果如表 33 所示。

表 33　单一税制和现行税制下个人所得税的组间组内再分配效应的分解

不均等指标	分组	税前指标			再分配效应		
		GE_{θ}^{x}	权重	贡献(%)	当前税制	单一税制(20%)	单一税制(15%)
	(1)	(2)	(3)	(4)	(5)	(6)	(7)
GE_2	G1	0.036	0.010	0	0	0	0
	G2	0.009	0.029	0	0	0	0
	G3	0.006	0.065	0	0	0	0
	G4	0.008	0.150	0.001	0	0	0
	G5	0.229	1.756	0.442	0.012	0.006	0.005
	组间	0.505	.	0.555	0.0087	0.012	0.0088
	总体	0.910	.	1	0.034	0.029	0.022
GE_1	G1	0.043	0.044	0.004	0	0	0
	G2	0.009	0.076	0.001	0	0	0
	G3	0.006	0.114	0.001	0	0	0
	G4	0.008	0.173	0.003	0	0	0
	G5	0.174	0.596	0.197	0.006	0.003	0.003
	组间	0.415	.	0.794	0.006	0.009	0.007
	总体	0.523	.	1	0.011	0.012	0.009
GE_0	G1	0.058	0.200	0.025	0	0	0
	G2	0.009	0.200	0.004	0	0	0
	G3	0.006	0.200	0.003	0	0	0
	G4	0.008	0.200	0.004	0	0	0
	G5	0.157	0.200	0.067	0.004	0.002	0.002
	组间	0.421	.	0.898	0.007	0.011	0.008
	总体	0.468	.	1	0.0077	0.011	0.0084
GE_{-1}	G1	0.104	0.912	0.144	0	0	0
	G2	0.009	0.527	0.007	0	0	0
	G3	0.006	0.350	0.003	0	0	0
	G4	0.008	0.231	0.003	0	0	0
	G5	0.160	0.067	0.016	0.004	0.002	0.002
	组间	0.544	0.010	0.826	0.011	0.018	0.014
	总体	0.658	0.029	1	0.012	0.021	0.016

注：1. G1 到 G5 分别代表样本家庭收入由低到高的五个分组；2. 各组组内不均等对总体不均等的贡献的计算公式为(4)＝(2)×(3)÷总体不均等×100；组间不均等对总体不均等的贡献的计算公式为(4)＝(2)÷总体不均等×100。

可以看出，从组内效应看，单一税制和现行分类税制下个人所得税的再分配效应都体现在对最高收入家庭组（G5）的调节，以四种 θ 取值的广义熵指数衡量时，单一税制下个人所得税对最高收入家庭组的再分配效应都弱于现行分类税制。从组间效应看，以四种 θ 取值的广义熵指数衡量时单一税制下的再分配效应均强于现行分类税制。综合组间组内效应的总体再分配效应既取决于组间和组内效应的绝对水平，也取决于组内效应和组间效应的权重及贡献。由于 θ 取值更大时，赋予高收入家庭组的权重相对更大，而单一税制缩小高收入家庭组内差距的效应明显小于现行分类税制，于是越是以 θ 取值较大的广义熵指数衡量，单一税制下的总体再分配效应越弱。同时，税率较低时单一制的组间再分配效应相对较弱，是导致单一税制的总体再分配效应在税率为 15%时明显比税率为 20%时更低的主要原因。由此我们看到，以 GE_2 衡量时，税率为 20%和 15%的单一税制的再分配效应均弱于当前税制，然而，税率为 20%的单一税制在以 GE_{-1}、GE_0、GE_1 三项指标衡量时再分配效应强于当前税制，税率为 15%的单一税制在以 GE_{-1}、GE_0 两项指标衡量时再分配效应强于当前税制。

三、基于不同收入组家庭平均税负的分析

我们还在表 34 中列示了 20%和 15%税率的单一税制和现行分类税制下不同收入水平家庭的平均税负情况。可以看出，与现行税制相比，实行税率为 20%或 15%的单一税制都将普遍提高纳税人的税负水平，而且总体上收入水平较高的家庭组税负提高更多。这正是前文测算结果反映的实行单一税制将缩小我国居民家庭收入的组间差距的原因。但是，税率为 20%的单一税制下最高收入的家庭组税负提高更多，而税率为 15%的单一税制下中高收入的家庭组税负提高更多，因而税率为 20%时的单一税制具有更强的组间和总体再分配效应。

表 34　不同收入组家庭在单一税制和现行税制模式下平均税负的对比

收入组＼指标	平均税负			与现行税制下平均税负的差异	
	现行税制	单一税制(20%)	单一税制(15%)	单一税制(20%)	单一税制(15%)
G1	0.22	0.39	0.29	0.17	0.07
G2	0.20	0.64	0.48	0.44	0.28
G3	0.37	1.21	0.91	0.84	0.54
G4	0.79	2.36	1.77	1.57	0.98
G5	1.55	3.22	2.41	1.67	0.87

注:1. G1 到 G5 分别代表样本家庭收入由低到高的五个分组。

当然,就处于收入分布顶端的家庭而言,其家庭成员的工资薪金等所得在当前分类税制下可能面临 40%以上的边际税率,实行税率为 20%的单一税制时其税负将明显降低,这正是单一税制下高收入家庭的组内再分配效应弱化的原因。但经测算,实行税率为 20%的单一税制后税负降低的家庭占比仅为 3.78%。因此,仅有较少处于收入分布最顶端的居民家庭税负降低,而更多处于高收入组的家庭税负提高,于是,总体上高收入组家庭的收入份额下降,高中低不同收入水平的家庭组之间的收入差距缩小。

四、居民收入结构对测算结果的影响分析

上述测算结果根本上是由我国居民收入分布的实际情况决定的。尽管对照现行税制下的累进税率和单一税制下的比例税率,很容易得出实行单一税制有利于高收入群体而不利于中低收入群体的直观印象,比如若实行税率为 20%的单一税制,月收入在 3500～5000 元的纳税人的边际税率将由 3%上升到 20%,月收入在 102000 元以上的纳税人边际税率将从 45%下降到 20%,但是,若月收入 3500 元在居民收入分布中处于中高水平,月收入 102000 元以上的居民所占比重微乎其微,这样的税制调整总体上必将是有利于缩小居民收入差距的。根据国家统计局 2012 年住户调查数据,考虑所有取得"工资及补贴收入"的样本家庭成员时,与 3500 元对应的分位数已经达到 70.12 的水平,与 102000 元对应的分位数更是在 99.99 以上。这就不难理解为什么以基尼系数、GE_{-1}、GE_0、GE_1 等大多数指标衡量时,税率为 20%的单一税制的再分配效应都超过当前税制。

限于篇幅，以上主要分析了基于推算收入口径的数据进行相关测算的结果，在高收入群体收入被低估的统计收入口径下，单一税制下个人所得税的再分配效应更加显著，如表 35 所示，在税率为 15%时，以基尼系数衡量的单一税制的再分配效应就已经超过了综合税制，更远远超过了其他税制模式。

表 35　不同税制方案下个人所得税再分配效应的模拟测算结果(统计收入口径)

税制模式		分类税制			半二元税制		
计税单位		个人		家庭	个人		家庭
计税期		月度	年度	年度	月度	年度	年度
均等化效应	GE_2	0.0395	0.0373	0.0306	0.0425	0.0404	0.0337
	GE_1	0.0183	0.0167	0.0131	0.0202	0.0188	0.0152
	GE_0	0.0129	0.0114	0.0086	0.0147	0.0134	0.0106
	GE_{-1}	0.0144	0.0123	0.0088	0.0169	0.0152	0.0118
	基尼	0.0120	0.0105	0.0078	0.0136	0.0123	0.0096
税制模式		半综合税制			综合税制		
计税单位		个人		家庭	个人		家庭
计税期		月度	年度	年度	月度	年度	年度
均等化效应	GE_2	—	0.0369	0.0339	—	0.0384	0.0398
	GE_1	—	0.0173	0.0153	—	0.0177	0.0184
	GE_0	—	0.0124	0.0107	—	0.0124	0.0129
	GE_{-1}	—	0.0141	0.0119	—	0.0136	0.0142
	基尼	—	0.0114	0.0098	—	0.0114	0.0120
税制模式		单一税制(10%)			单一税制(15%)		
计税单位		个人		家庭	个人		家庭
计税期		月度	年度	年度	月度	年度	年度
均等化效应	GE_2	0.0235	0.0238	0.0283	0.0351	0.0354	0.0424
	GE_1	0.0128	0.0128	0.0169	0.0191	0.0191	0.0254
	GE_0	0.0103	0.0102	0.0146	0.0155	0.0153	0.0219
	GE_{-1}	0.0127	0.0124	0.0184	0.0189	0.0185	0.0275
	基尼	0.0097	0.0096	0.0141	0.0147	0.0145	0.0215
税制模式		单一税制(20%)			单一税制(25%)		
计税单位		个人		家庭	个人		家庭
计税期		月度	年度	年度	月度	年度	年度
均等化效应	GE_2	0.0465	0.0468	0.0565	0.0577	0.058	0.0705
	GE_1	0.0255	0.0254	0.034	0.0318	0.0317	0.0426
	GE_0	0.0206	0.0204	0.0293	0.0258	0.0254	0.0367
	GE_{-1}	0.0252	0.0246	0.0366	0.0314	0.0307	0.0457
	基尼	0.0197	0.0195	0.0292	0.0249	0.0245	0.0371

第五节　本章小结

本章首先从税制模式、应税所得分类、费用扣除标准、税率结构、课税单位等方面回顾了学术界关于我国个人所得税制调整方案的主张，归纳了我国个人所得税制调整的21种备选方案。

随后利用包含隐性收入的微观住户调查数据，对包括现行税制在内的22种税制调整方案下的个人所得税再分配效应进行了模拟测算，研究发现，与保持累进税率并逐步增强综合计税范围的其他税制调整措施相比，税率水平适当的单一税制改善个人所得税再分配效应的效果总体上更强而明确。

更进一步的分析表明，与2011年税制调整以后形成的现行分类税制相比，税率为20%的单一税制虽然确实将减弱个人所得税对于高收入群体的再分配效应，但除非衡量总体再分配效应时赋予高收入群体最高的权重，单一税制下的总体再分配效应更强。究其原因，从MT指数分解的角度看，是由于单一税制的累进性仅略低于当前税制，而平均税率明显高于当前税制；从个人所得税对不同收入组家庭影响的分解看，是由于单一税制缩小不同收入组家庭的组间差距的作用更强。

在高收入组家庭收入被相对低估的统计收入口径下进行测算时，单一税制的再分配效应更加显著，在税率为15%时，以基尼系数衡量的再分配效应已经超过了综合税制，更远远超过其他税制模式。

第六章
个人所得税总体税制调整效应的扩展分析

前文分析表明税率水平适当时单一个人所得税制模式可能有助于显著提升我国个人所得税的再分配效应，本章将通过多角度的扩展分析对这一结论进行进一步论证，包括基于家庭等价收入、考虑地区间生活成本差异的静态分析，以及考虑居民收入增长以及通货膨胀指数化调整的动态分析等。

第一节　基于等价家庭收入的测算

一、家庭人口结构和等价尺度

在本书第三章第一节，我们曾经提到选择家庭收入作为测算收入分配不均等的依据时涉及如何考虑家庭人口结构的问题，在第四章和第五章中，我们直接以家庭税前和税后总收入除以家庭总人口，即采用了家庭人均收入作为测算口径。事实上，这也是目前关于我国个人所得税再分配效应研究中应用较为广泛的一个测算口径。

然而，根据家庭人口结构对家庭收入进行调整的更为一般化的方法是应用等价尺度(equivalence scale)，等价尺度是将家庭收入根据人口结构进行转换，从而使得不同人口结构的家庭收入变得等价并且可比的一组指标。将家庭总收入除以家庭的等价尺度，就得到调整后的等价家庭收入。等价尺度概念的提出是基于这样的考虑，即家庭人口增加时，使家庭人均福利达到一个特定水平所需要的收入也需要增加，但并不是等比例的，因为当家庭人口增加时，由于家庭成员可以共享家庭中的某些消费品或设施，这些消费品或设施的人均成本将下降，从而存在一定的规模经济。

等价尺度的设计主要根据家庭成人数量和被抚养者的数量和年龄，具体的方法有基于不同类型家庭最低需要的商品和服务，基于不同类型家庭食品支出占收入的比重等[①]。

由于根据不同方法得到的等价尺度不尽相同，目前并无公认的等价尺度，其中 OECD 在其收入统计中就曾应用过三种不同的确定等价尺度的方法(OECD,2017)。第一种方法对家庭中的第一个成人赋值 1，对增加的成人和未成年子女(14 岁以下)分别赋值 0.7 和 0.5，随后将每个家庭成员的赋值加总得到该家庭的等价尺度。第二种方法与第一种相似，对家庭中的第一个成人同样赋值 1，但对增加的成人和未成年子女(14 岁以下)分别赋值 0.5 和0.3。第三种方法是通过求家庭总人口数的平方根得到家庭的等价尺度。

不同等价尺度体现了对家庭人口增加带来的规模经济的不同判断，如表 36 所示，OECD 的三种等价尺度测算方法中，第一种方法代表的家庭规模经济的程度最低，而第三种方法代表的家庭规模经济的程度最高。可以看出，家庭人均收入也是一种特殊的等价家庭收入，在这种情况下，家庭人口的增加并不带来任何的规模经济。

表 36　OECD 采用的不同等价尺度

家庭构成	等价尺度			
	人均收入	OECD(方法一)	OECD(方法二)	OECD(方法三)
1 位成人	1	1	1	1
2 位成人	2	1.7	1.5	1.4
2 位成人，1 名未成年子女	3	2.2	1.8	1.7
2 位成人，2 名未成年子女	4	2.7	2.1	2.0
2 位成人，3 名未成年子女	5	3.2	2.4	2.2

资料来源：OECD(2017)。

二、基于等价家庭收入的个人所得税再分配效应的模拟分析

本书第五章对不同税制调整方案下个人所得税再分配效应的测算是以家庭人均收入作为家庭收入的测算口径的，因此忽略了家庭人口规模和结构差异可能带来的规模经济的影响。

① 吉恩·希瑞克斯和加雷恩·D迈尔斯(2011)，第 299 页。

为了使测算结果更为科学，我们采用上述 OECD 的第二种等价尺度测算方法，分别针对推算收入口径和统计收入口径的样本数据构建家庭税前和税后等价收入指标，对第五章所述不同税制方案下的个人所得税再分配效应进行了测算，其中基于推算收入口径的测算结果如表 37 所示（统计收入口径下的测算结果参见附录七）。

表 37　个人所得税再分配效应的模拟测算结果（推算收入等价收入口径）

税制模式		分类税制			半二元税制		
计税单位		个人		家庭	个人		家庭
计税期		月度	年度	年度	月度	年度	年度
均等化效应	GE_2	0.0356	0.0351	0.0267	0.0363	0.036	0.0276
	GE_1	0.0114	0.0108	0.0079	0.0119	0.0116	0.0086
	GE_0	0.0082	0.0073	0.005	0.009	0.0084	0.0062
	GE_{-1}	0.0129	0.0107	0.0068	0.0148	0.0135	0.0098
	基尼	0.0043	0.0039	0.0027	0.0047	0.0044	0.0032
税制模式		半综合税制			综合税制		
计税单位		个人		家庭	个人		家庭
计税期		月度	年度	年度	月度	年度	年度
均等化效应	GE_2	—	0.0322	0.0028	—	0.0355	0.0338
	GE_1	—	0.0105	0.0087	—	0.0115	0.011
	GE_0	—	0.0077	0.0063	—	0.0082	0.008
	GE_{-1}	—	0.0125	0.01	—	0.0127	0.0125
	基尼	—	0.0040	0.0033	—	0.0043	0.0042
税制模式		单一税制（10%）			单一税制（15%）		
计税单位		个人		家庭	个人		家庭
计税期		月度	年度	年度	月度	年度	年度
均等化效应	GE_2	0.0147	0.0166	0.0152	0.0221	0.0249	0.023
	GE_1	0.0063	0.007	0.0079	0.0094	0.0105	0.0119
	GE_0	0.0059	0.0064	0.0085	0.0089	0.0096	0.0127
	GE_{-1}	0.0109	0.0114	0.0163	0.0164	0.0171	0.0244
	基尼	0.0030	0.0033	0.0043	0.0046	0.0049	0.0066
税制模式		单一税制（20%）			单一税制（25%）		
计税单位		个人		家庭	个人		家庭
计税期		月度	年度	年度	月度	年度	年度
均等化效应	GE_2	0.0296	0.0333	0.0308	0.0371	0.0417	0.0387
	GE_1	0.0126	0.014	0.0159	0.0158	0.0176	0.02
	GE_0	0.0119	0.0128	0.0171	0.0149	0.016	0.0214
	GE_{-1}	0.0218	0.0227	0.0326	0.0271	0.0284	0.0407
	基尼	0.0061	0.0066	0.0088	0.0077	0.0083	0.0111

通过与表 31 所示测算结果进行对比可以看出，对于相同税制方案和相同不均等指标而言，表 37 所示数值基本上都高于表 32 所示数值，也就是说，在应用等价尺度对家庭收入进行调整后，不同税制模式下的个人所得税再分配效应都有所增强，这一点对于统计收入口径的样本数据也同样成立。

造成这种情况的原因与我国不同收入水平家庭人口结构的差异有关。如图 29 所示，不同收入组（根据家庭人均收入分组）样本家庭的平均等价尺度随着家庭收入水平的提高呈现逐步下降的趋势，显示低收入家庭平均人口数更高，因此，在采用家庭人均收入作为测算口径时，低收入家庭的收入按人口平均后相对来说更低，采用等价收入口径可以相对缓解这一影响，故低收入家庭的收入相对有所上升，带动总体不均等指标上升，导致个人所得税再分配效应的测算结果也有所上升。

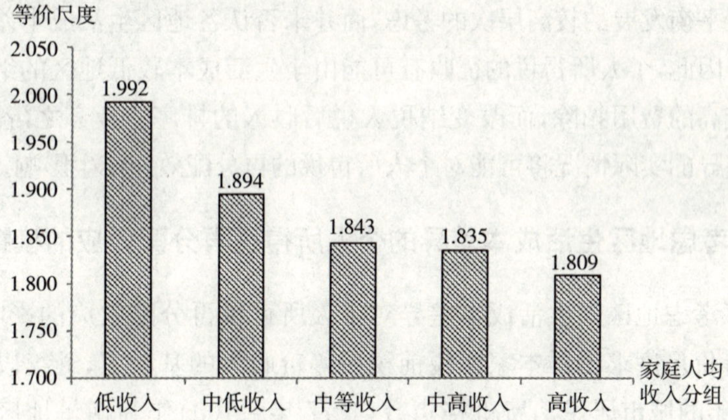

图 29　不同收入水平样本家庭的平均等价尺度（2012 年）

表 37 中的测算结果同样支持了第五章得到的基本结论，即在税率水平为 20％和 15％时，单一税制下个人所得税制再分配效应优于其他税制模式。

第二节　考虑地区生活成本差异的测算

一、地区间生活成本差异与统一费用扣除标准之争

关于我国个人所得税制优化的一个争议焦点是，是否需要根据地区间生活成本的差异规定不同的费用扣除标准。

我国是一个地区经济发展不平衡的国家，其中东部地区居民的收入较高，但是该地区居民的生活成本也相对较高，目前我国个人所得税以纳税人的税前收入扣除统一的费用扣除标准确定应纳税所得额，对地区生活成本的差异未予考虑。

2011年全国人大常委会针对个人所得税制调整方案征求公众意见时，关于是否应对各地区规定不同的费用扣除标准曾有正反两方面的意见，其中支持实行统一费用扣除标准的理由主要是“发达地区生活成本虽高，但收入高，国家财政的投入高，享受的社会保障也高”“如果允许各地另行规定不同的起征点，将导致人才和劳动力向东部倾斜，不符合国家开发西部和落后地区的政策”，等等（全国人大常委会法制工作委员会经济法室，2011）。

可见，我国现行个人所得税制实行不同地区统一费用扣除标准的政策是出于地区平衡发展的较高层次的考虑，而并未否认各地区生活成本差异的客观存在。因此，个人所得税的征收有可能由于生活成本较低地区的纳税人获得相对较高的费用扣除，而改变纳税人税后收入的排序。换言之，各地区生活成本差异的实际情况将可能对个人所得税的再分配效应产生影响。

二、考虑地区生活成本差异的个人所得税再分配效应的模拟分析

为了考虑地区间生活成本差异对个人所得税再分配效应的影响，我们在应用等价尺度求得样本家庭税前税后等价收入的基础上，继续以样本地区2012年的城市居民消费价格指数（1977年＝100）作为衡量地区生活成本的近似指标（参见表38），分别针对推算收入口径和统计收入口径的样本数据对样本家庭的税前税后收入进行缩减，随后模拟测算了第五章所述不同税制调整方案下个人所得税的再分配效应。其中推算收入口径下的测算结果如表39所示，统计收入口径下的测算结果参见附录八。

表38　样本地区的城市居民消费价格指数（1977年＝100）

年度＼地区	辽宁	上海	广东	四川
2010	559.02	574.81	645.84	685.36
2011	587.53	604.70	680.07	720.31
2012	604.56	621.64	699.11	740.48

数据来源：国家统计局网站。原始数据的价格指数为上年＝100，本表数据经作者推算得到。

将表37和表39的结果进行对比可以看出，地区生活成本差异对个人

所得税再分配效应的影响不大，同时，考虑地区生活成本差异并未影响税率适当时单一税制下个人所得税的再分配效应优于其他税制的基本结论。

由附录八的测算结果可以看出，在统计收入口径下基本可以得到相同的结论。

表 39　个人所得税再分配效应的模拟测算结果：考虑区域生活成本差异
（推算收入等价收入口径，以城市居民消费价格指数缩减）

税制模式		分类税制			半二元税制		
计税单位		个人		家庭	个人		家庭
计税期		月度	年度	年度	月度	年度	年度
均等化效应	GE_2	0.0371	0.0366	0.0279	0.0376	0.0374	0.0285
	GE_1	0.0115	0.011	0.008	0.012	0.0116	0.0087
	GE_0	0.0082	0.0073	0.005	0.0089	0.0084	0.0061
	GE_{-1}	0.0128	0.0106	0.0067	0.0146	0.0134	0.0097
	基尼	0.0043	0.0039	0.0027	0.0046	0.0044	0.0032
税制模式		半综合税制			综合税制		
计税单位		个人		家庭	个人		家庭
计税期		月度	年度	年度	月度	年度	年度
均等化效应	GE_2	—	0.0333	0.0288	—	0.0368	0.0348
	GE_1	—	0.0105	0.0088	—	0.0116	0.0111
	GE_0	—	0.0077	0.0062	—	0.0082	0.008
	GE_{-1}	—	0.0123	0.0098	—	0.0127	0.0126
	基尼	—	0.004	0.0032	—	0.0043	0.0042
税制模式		单一税制（10%）			单一税制（15%）		
计税单位		个人		家庭	个人		家庭
计税期		月度	年度	年度	月度	年度	年度
均等化效应	GE_2	0.0151	0.017	0.0155	0.0227	0.0255	0.0234
	GE_1	0.0063	0.007	0.0079	0.0094	0.0105	0.0119
	GE_0	0.0058	0.0063	0.0085	0.0088	0.0095	0.0127
	GE_{-1}	0.0108	0.0113	0.0163	0.0161	0.017	0.0245
	基尼	0.003	0.0032	0.0043	0.0045	0.0049	0.0065
税制模式		单一税制（20%）			单一税制（25%）		
计税单位		个人		家庭	个人		家庭
计税期		月度	年度	年度	月度	年度	年度
均等化效应	GE_2	0.0304	0.0341	0.0313	0.0381	0.0427	0.0394
	GE_1	0.0126	0.014	0.016	0.0158	0.0176	0.0201
	GE_0	0.0117	0.0127	0.017	0.0147	0.0158	0.0214
	GE_{-1}	0.0215	0.0226	0.0327	0.0268	0.0282	0.0408
	基尼	0.006	0.0065	0.0088	0.0075	0.0082	0.0111

考虑地区生活成本差异之所以对个人所得税再分配效应的影响不大，主要是因为各地区城市居民消费价格指数虽然有差异，但这一差异与居民家庭收入水平的关联不大。图 30 显示了不同收入水平样本家庭面临的平均城市居民消费价格指数，可以看出，城市居民消费价格指数与居民家庭收入水平并无明显的正向或负向相关关系。

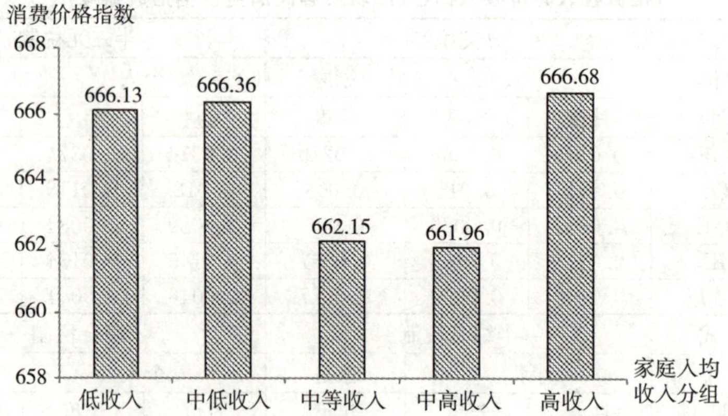

图 30　不同收入水平样本家庭面临的平均城市居民消费价格指数（2012 年）

第三节　居民家庭收入增长的影响

一、考察居民家庭收入增长对个人所得税再分配效应影响的反事实分析方法

到目前为止，本书基于 2012 年数据从多个角度对我国个人所得税的再分配效应进行了静态分析。但是，在经济增长和居民家庭收入上升的过程中，在适用不同边际税率的应税所得标准以及费用扣除标准保持不变的情况下，缴纳个人所得税的纳税人将增加，现有纳税人也可能面临更高的税率水平，因此个人所得税的再分配效应可能发生变化。相应地，基于静态分析对不同税制模式下个人所得税再分配效应的强弱进行的判断也可能发生变化。因此，本节将考虑居民收入增长的影响，对个人所得税的再分配效应进行动态分析。

考虑到数据可得性，我们将利用 2010 年到 2012 年的城镇住户调查数据进行反事实分析，其中 2010 年和 2011 年数据的指标和调查方法与 2012

年完全相同，但样本家庭并不完全重合，3 年涉及的样本家庭共 33852 户。

如图 31 所示，在 2010 到 2012 年间，不同收入组样本家庭的人均收入都有明显的上升。因此，虽然我国于 2011 年进行了个人所得制的调整，2010 年到 2011 年 8 月实行原税制，2011 年 9 月到 2012 年实行新税制，但为了分析经济增长和居民收入上升时不同税制模式下个人所得税再分配效应的变化，我们忽略 2010 到 2012 年间实际的税制变化情况，而假定 2010 到 2012 年基于当年的居民收入水平我国分别实行第五章所述的不同个人所得税制方案，随后基于不同不均等指标测算不同年度个人所得税的再分配效应。我们仍然分别利用统计收入口径和推算收入口径的数据进行测算，其中家庭收入将调整为等价收入并利用所在地区的城市居民消费价格指数(1977 年＝100)进行缩减。

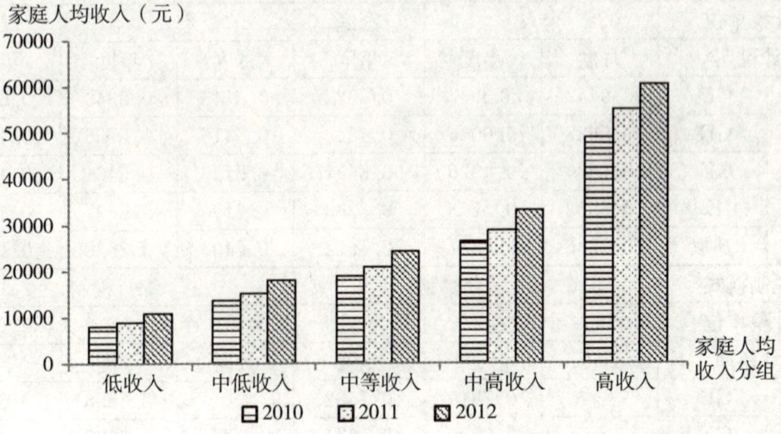

图 31　不同收入组样本家庭平均收入的变化(2010—2012)

由于在本项测算中，居民家庭的税前收入水平及其不均等情况在不同年度是不同的，因此出于可比的考虑，我们采用百分比的方式计算基于各项不均等指标的个人所得税再分配效应，即当基础不均等指标为基尼系数时，再分配效应的计算公式为

$$MT = 100 \times \frac{G_x - G_y}{G_x} \tag{51}$$

当基础不均等指标为广义熵指数时，再分配效应的计算公式为

$$RE = 100 \times \frac{GE_\theta^x - GE_\theta^y}{GE_\theta^x} \tag{52}$$

二、考虑居民家庭收入增长的个人所得税再分配效应的模拟分析

表 40 报告了在不同税制方案下，当推算口径的居民家庭收入由 2010 年的水平增长到 2012 年的水平时个人所得税再分配效应的变化情况。基于统计收入口径的测算结果见附录九。

表 40 中列示的数值均为在该税制方案和不均等指标组合下测算得到的 2012 年个人所得税再分配效应与 2010 年个人所得税再分配效应的差（即以百分比方式计算的再分配效应的变化），正值代表个人所得税再分配效应随着居民家庭收入的增长而改善，负值则相反。

表 40　个人所得税再分配效应的模拟测算结果：居民家庭收入增长的影响（推算收入等价收入口径，以城市居民消费价格指数缩减）

税制模式		分类税制			半二元税制		
计税单位		个人		家庭	个人		家庭
计税期		月度	年度	年度	月度	年度	年度
均等化效应百分比变化	GE_2	0.9447	0.968	0.7528	0.8143	0.8346	0.6051
	GE_1	0.5628	0.6004	0.4443	0.5416	0.5766	0.4184
	GE_0	0.4690	0.4976	0.3471	0.5129	0.5461	0.4006
	GE_{-1}	0.5303	0.5203	0.3233	0.6290	0.6697	0.4906
	基尼	0.2236	0.2367	0.1672	0.2400	0.2520	0.1834
税制模式		半综合税制			综合税制		
计税单位		个人		家庭	个人		家庭
计税期		月度	年度	年度	月度	年度	年度
均等化效应百分比变化	GE_2	—	0.7819	0.7402	—	0.6858	0.6085
	GE_1	—	0.5320	0.4674	—	0.5395	0.4953
	GE_0	—	0.5063	0.4307	—	0.5150	0.5031
	GE_{-1}	—	0.6230	0.5226	—	0.6175	0.6318
	基尼	—	0.2333	0.1975	—	0.2403	0.2317
税制模式		单一税制(10%)			单一税制(15%)		
计税单位		个人		家庭	个人		家庭
计税期		月度	年度	年度	月度	年度	年度
均等化效应百分比变化	GE_2	−0.1003	−0.054	−0.4561	−0.1465	−0.0761	−0.6788
	GE_1	0.0359	0.0902	−0.1222	0.0555	0.1376	−0.1799
	GE_0	0.1364	0.2170	0.1872	0.2049	0.3263	0.2836
	GE_{-1}	0.2434	0.3809	0.5410	0.3624	0.5703	0.8108
	基尼	0.0640	0.0957	0.0735	0.0969	0.1448	0.1137

续表

税制模式		单一税制(20%)			单一税制(25%)		
计税单位		个人		家庭	个人		家庭
计税期		月度	年度	年度	月度	年度	年度
均等化效应百分比变化	GE_2	−0.1900	−0.0950	−0.8979	−0.2307	−0.1104	−1.1129
	GE_1	0.0762	0.1866	−0.2353	0.0981	0.2372	−0.2880
	GE_0	0.2735	0.4363	0.3821	0.342	0.5469	0.4826
	GE_{-1}	0.4796	0.7588	1.0802	0.5947	0.9465	1.3492
	基尼	0.1303	0.1948	0.1563	0.1644	0.2455	0.2015

注：表中数据为以百分比计算的个人所得税再分配效应在2012年相比2010年的变化情况，如以个人为计税单位按月计税的分类税制(即当年税制)下，基于基尼系数且以百分比计算的个人所得税再分配效应在2010年为0.6020%，2012年为0.8256%，因此2012年相比2010年的百分比变化为0.2236。

可以看出，除以敏感性参数取值较高的广义熵指数衡量时单一税制下个人所得税制的再分配效应会因居民家庭收入增长而减弱外，在其他情形下，个人所得税的再分配效应均随着居民家庭收入增长而增强。同时，附录九的测算结果表明，统计收入口径下个人所得税的再分配效应同样随着居民家庭收入的增长而增强，并且在税率为20%以上的单一税制下，其增长幅度在各种税制模式下也相对较高。

第四节　费用扣除标准指数化调整的影响

一、费用扣除标准指数化调整的方法

随着时间的推移，除了居民家庭收入可能增长外，通常还会发生物价水平的上升，即通货膨胀。为了抵消通货膨胀导致居民生活成本上升的影响，有学者主张对个人所得税的费用扣除标准进行通货膨胀指数化调整(参见本书第五章第一节)。

在本章第三节的测算中，我们对居民家庭的等价收入运用城市居民消费价格指数进行了缩减，这有利于基于地区间居民生活成本的差异更科学地考察个人所得税的再分配效应，同时，在表38中我们也看到样本地区的

城市居民消费价格指数在2010到2012年间都有所上升，这说明费用扣除标准的通货膨胀指数化调整确有其合理性。

因此，本节将就费用扣除标准指数化调整对个人所得税再分配效应的影响进行测算，具体仍将采用反事实分析法，即忽略2010到2012年间实际的税制变化情况，而假定2010到2012年基于当年的居民家庭收入水平我国分别实行第五章所述的不同个人所得税制方案，但允许对费用扣除标准进行指数化调整，随后基于不同不均等指标测算不同年度个人所得税的再分配效应。我们仍然分别利用统计收入口径和推算收入口径的数据进行测算，其中家庭收入将调整为等价收入并利用所在地区的城市居民消费价格指数(1977年＝100)进行缩减。

由于我国实行各地区统一的费用扣除标准，我们的模拟测算将利用全国范围的城市居民消费价格指数进行费用扣除标准指数化调整，调整方法与结果如表41所示。

表41　根据城市居民消费价格指数(上年＝100)调整的费用扣除标准

指标 年度	城市居民消费价格指数	费用扣除标准	费用扣除标准计算方法
2010		3500	
2011	105.3	3686	＝3500×(105.3－100)×100
2012	102.7	3786	＝3686×(102.7－100)×100

数据来源：城市居民消费价格指数来自国家统计局网站。

二、费用扣除标准指数化调整条件下个人所得税再分配效应的模拟分析

表42报告了在不同税制方案下，当推算口径的居民家庭收入由2010年的水平增长到2012年的水平但允许对费用扣除标准进行指数化调整时个人所得税再分配效应的变化情况。基于统计收入口径的测算结果见附录十。

表 42　个人所得税再分配效应的模拟测算结果：费用扣除标准指数化调整的影响
（推算收入等价收入口径，以城市居民消费价格指数缩减）

税制模式		分类税制			半二元税制		
计税单位		个人		家庭	个人		家庭
计税期		月度	年度	年度	月度	年度	年度
均等化效应百分比变化	GE_2	0.9038	0.9116	0.6871	0.7723	0.7766	0.5379
	GE_1	0.5089	0.5326	0.3826	0.4871	0.5078	0.3557
	GE_0	0.3954	0.4096	0.2742	0.4385	0.457	0.3267
	GE_{-1}	0.4222	0.3944	0.2238	0.5198	0.5426	0.3898
	基尼	0.1907	0.1972	0.1343	0.2067	0.2119	0.1499
税制模式		半综合税制			综合税制		
计税单位		个人		家庭	个人		家庭
计税期		月度	年度	年度	月度	年度	年度
均等化效应百分比变化	GE_2	—	0.7300	0.6929	—	0.6294	0.5916
	GE_1	—	0.4679	0.4127	—	0.4658	0.4461
	GE_0	—	0.4227	0.3603	—	0.4171	0.4175
	GE_{-1}	—	0.5037	0.4235	—	0.477	0.4933
	基尼	—	0.1958	0.1659	—	0.1964	0.1951
税制模式		单一税制（10%）			单一税制（15%）		
计税单位		个人		家庭	个人		家庭
计税期		月度	年度	年度	月度	年度	年度
均等化效应百分比变化	GE_2	−0.0215	0.0166	−0.242	−0.0299	0.0278	−0.3588
	GE_1	0.0511	0.0902	−0.0326	0.0776	0.1367	−0.0463
	GE_0	0.1027	0.1572	0.1611	0.1541	0.2363	0.2436
	GE_{-1}	0.1551	0.2479	0.378	0.2306	0.3712	0.5666
	基尼	0.0522	0.0729	0.0726	0.0789	0.1102	0.1113
税制模式		单一税制（20%）			单一税制（25%）		
计税单位		个人		家庭	个人		家庭
计税期		月度	年度	年度	月度	年度	年度
均等化效应百分比变化	GE_2	−0.0366	0.0408	−0.473	−0.0417	0.0558	−0.5841
	GE_1	0.1049	0.1842	−0.0583	0.1327	0.2325	−0.0683
	GE_0	0.2054	0.3157	0.3275	0.2566	0.3956	0.4127
	GE_{-1}	0.3047	0.4941	0.7549	0.3773	0.6163	0.9431
	基尼	0.1059	0.148	0.1516	0.1333	0.1863	0.1936

注：表中数据为以百分比计算的个人所得税再分配效应在 2012 年相比 2010 年的变化情况，如以个人为计税单位按月计税的分类税制（即当年税制）下，基于基尼系数且以百分比计算的个人所得税再分配效应在 2010 年为 0.6020%，2012 年为 0.7927%，因此 2012 年相比 2010 年的百分比变化为 0.1907。

可以看出，对费用扣除标准进行指数化调整将使个人所得税再分配效应有所减弱，但基本上没有抵消居民家庭收入增长导致个人所得税再分配效应增强的效应，除以敏感性参数取值较高的广义熵指数衡量时单一税制下个人所得税制的再分配效应有所减弱外，在其他情形下，个人所得税的再分配效应总体仍然随着时间的推移而增强。

就单一税制和其他税制模式的对比看，基于推算收入口径测算时单一税制下个人所得税再分配效应随时间推移而增长的幅度弱于综合税制，但基于统计收入口径测算时单一税制下个人所得税再分配效应的增长幅度与其他税制模式相差不大。

第五节 本章小结

本章从多角度进一步扩展了对于不同税制调整方案下个人所得税再分配效应的模拟分析。

当家庭收入调整为等价收入时，不同税制方案下个人所得税的再分配效应均增强，而为考虑地区间生活成本差异而对家庭等价收入利用城市消费价格指数进行缩减后，不同税制方案下个人所得税的再分配效应有较小幅度的弱化，但在两种情形下，税率水平为20%的单一税制下个人所得税的再分配效应仍然强于其他税制模式。

当随着时间推移，居民家庭收入稳步增长时，不同税制调整方案下个人所得税的再分配效应均有所增强，对费用扣除标准进行通货膨胀指数化调整将使个人所得税的再分配效应有所弱化，但并不足以抵消居民家庭收入增长对个人所得税再分配效应的正向影响。就不同税制模式的比较看，在统计收入口径下以家庭为计税单位时税率为20%的单一税制模式下个人所得税再分配效应随时间推移而强化的效应仍然优于其他税制模式，但在推算收入口径下以及统计收入口径下以个人为计税单位时，该税制模式下个人所得税再分配效应随时间推移而强化的效应弱于其他税制模式。

第七章

我国个人所得税再分配效应的改善途径：强化底部调节的效应分析

前文模拟分析表明，税率水平适当时单一个人所得税模式较有利于改善我国个人所得税的再分配效应。但是，单一税制和其他税制模式一样，都规定了免征额，因此都是侧重于通过顶部调节来调节居民收入差距。而个人所得税对于居民收入差距的调节同样可以通过底部调节实现，在国外也不乏这方面的先例和经验，为了更加全面地分析我国个人所得税再分配效应的改善途径，本章将尝试对几种底部调节方案对个人所得税再分配效应的影响进行模拟分析。

第一节　底部调节居民收入的传统方案：社会救济和低保制度的效应分析

一、社会救济和最低生活保障的再分配效应的测算方法

对居民收入分配进行底部调节的传统做法是采用社会救济，特别是其中的最低生活保障制度（简称“低保”）。虽然典型的社会救济及其中的最低生活保障并不是借助个人所得税制来实施的，我们有必要首先对我国现行

社会救济及其中的最低生活保障制度的再分配效应进行一个初步的测算和评估，从而为下文的分析提供参照。

国家统计局城镇住户调查数据对社会救济是作为转移性收入的一个组成部分反映的，同时对包含在其中的最低生活保障收入又进行了单独列示，这就为我们分析社会救济和最低生活保障制度的再分配效应提供了必要的条件。

参照前文分析个人所得税再分配效应的做法，我们采取对比实施社会救济及其中的最低生活保障制度前后居民家庭收入不均等状况的做法来衡量社会救济和最低生活保障制度的再分配效应。

设 x 代表个人所得税税前的家庭收入，x_1 代表实施社会救济前的家庭收入，x_2 代表实施最低生活保障制度前的家庭收入，G_{x_1} 、G_{x_2} 和 G_x 分别代表社会救济前、最低生活保障前和个人所得税税前家庭收入的基尼系数，MT'_1 和 MT'_2 分别代表基尼系数作为基础不均等指标时社会救济和最低生活保障制度的再分配效应，则有

$$MT'_1 = G_{x_1} - G_x \tag{53}$$

$$MT'_2 = G_{x_2} - G_x \tag{54}$$

以 $GE_\theta^{x_1}$ 、$GE_\theta^{x_2}$ 和 GE_θ^x 分别代表社会救济前、最低生活保障前和个人所得税税前家庭收入的广义熵指数，RE'_1 和 RE'_2 分别代表广义熵指数作为基础不均等指标时社会救济和最低生活保障制度的再分配效应，则有

$$RE'_1 = GE_\theta^{x_1} - GE_\theta^x \tag{55}$$

$$RE'_2 = GE_\theta^{x_2} - GE_\theta^x \tag{56}$$

二、我国社会救济和最低生活保障的再分配效应及其与个人所得税的比较

由于社会救济及其中的最低生活保障制度通常针对家庭实施，故我们以家庭作为收入的测算单位，参照第六章的做法，我们采用以城市消费价格指数缩减后的家庭等价收入作为测算口径，在统计收入和推算口径下针对 2012 年数据的测算结果如表 43 所示。为了便于对照，我们在表中还同时列示了现行税制下个人所得税再分配效应的测算结果。

表 43 我国社会救济和最低生活保障制度的再分配效应(基于 2012 年收入数据)

数据口径		统计收入口径			推算收入口径		
再分配政策		社会救济	低保	个人所得税	社会救济	低保	个人所得税
再分配效应	GE_2	0.0023	0.0017	0.0423	0.0030	0.0020	0.0371
	GE_1	0.0026	0.0020	0.0195	0.0024	0.0017	0.0115
	GE_0	0.0059	0.0044	0.0137	0.0060	0.0046	0.0082
	GE_{-1}	0.0534	0.0318	0.0151	0.1066	0.0895	0.0128
	基尼	0.0021	0.0016	0.0126	0.0014	0.0011	0.0043

注:本表中个人所得税制下的结果为根据现行税制测算得到。

可以看出,我国的社会救济及其中的最低生活保障制度确实发挥了一定的缩小居民收入差距的作用,表现为表中社会救济和低保的再分配效应均为正。但是,除非以敏感性参数取值为-1 的广义熵指数(该指标对收入分布底部的变化最为敏感)衡量,社会救济以及其中的最低生活保障制度缩小居民收入差距的效果都是非常微弱的,甚至远远低于现行的个人所得税制。

为了考察我国的社会救济及其中的最低生活保障制度再分配效应微弱的原因,我们参照 MT 指数的分解方法(40 式)对表 43 中所得到的再分配效应进行了进一步的分解分析,结果如表 44 所示。可以看出,社会救济及其中的最低生活保障制度之所以再分配效应微弱,应主要归因于纵向公平效应,而纵向公平效应较弱又主要是平均补助比率过低导致的。

表 44 社会救济和最低生活保障制度再分配效应的分解(基于 2012 年收入数据)

再分配方案 (1)	MT 指数 (2)	横向公平效应 (3)	纵向公平效应 (4)	平均税率/补助比率 (5)	累进性 (6)
社会救济	0.0014	0.00006	0.00134	0.00130	1.03624
最低生活保障	0.0011	0.00003	0.00102	0.00082	1.24666
现行个人所得税制	0.0040	0	0.0040	0.0141	0.2850

注:1. 本表为推算收入口径;2. 现行税制的分解结果取自表 33,家庭收入没有根据等价尺度和城市居民消费价格指数调整;3. 等量关系:(2)=(3)+(4),(4)=(5)×(6)

第二节　负所得税制的再分配效应

一、负所得税制的设计

负所得税是对居民收入分配进行底部调节的另一种途径，尽管负所得税的萌芽在一些西方国家早期的收入转移政策中有所体现，但人们普遍认为，负所得税理论由米尔顿·弗里德曼（2011）在《资本主义与自由》一书中首次正式提出。区别于第一节所述的传统的社会救济和最低生活保障制度，采用负所得税制时，补助金额与家庭收入具有更明确的对应关系。

根据本书第一章第四节的介绍，负所得税制下所得税的计算公式为

$$T = -a + tY \tag{57}$$

其中，所得税为 T，Y 为税前收入，a 为最低生活保障标准，t 为负所得税单一税率。因此，负所得税制的设计涉及两个关键的参数，最低生活保障标准和负所得税单一税率。

与个人所得税的费用扣除标准不同，目前我国并未实行全国统一的最低生活保障标准，但根据民政部公布的全国县以上城镇低保情况，2012 年 1 月样本地区城镇最低生活保障支出水平（为当地城镇最低生活保障累计支出除以城镇最低生活保障人数）在 500 元左右（参见附录十一），因此我们将负所得税制中的最低生活保障标准设为人均每月 500 元。

负所得税制度中的单一税率反映的是纳税人收入水平提高时其补助水平减少的比率，当这一税率为 100%时，家庭收入提高时其补助水平将等额减少，以至于补助后家庭人的可支配收入将保持在最低生活保障标准，这会对劳动者工作的积极性产生明显的消极影响，而实际的单一税率水平低于 100%时，这种消极影响将有所降低。

美国 1996 年实行的对贫困家庭的临时补助制度（Temporary Asistance for Needy Families，TANF）与负所得税制比较接近，在该制度下，补助随收入减少的比率相当于负所得税制下的单一税率，由各州决定，就实际执行

的情况看，各州的选择没有一定之规，如伊利诺伊州规定 33%，内部拉斯加州规定 80%，哥伦比亚特区及其他 8 个州仍然选择 100%[①]。

根据上述情况，本书选择 4 种负所得税单一税率水平进行模拟，分别是 25%、50%、75%和 100%。根据(57)式，家庭获得补助为 0 时的收入水平[②]为 $Y_0 = \frac{t}{a}$，家庭实际收入水平低于该水平时可获得补助，因此，当最低生活保障标准为每月 500 元而负所得税单一税率分别为 25%、50%、75%和 100%时，获得补助家庭的人均收入水平分别为每月 2000 元，1000 元，667 元和 500 元以下。考虑到与现行个人所得税制的衔接，可行的负所得税单一税率水平不宜低于 25%，因为负所得税单一税率水平低于 25%时，获得补助家庭的人均收入水平将超过每月 2000 元，而我国现行以个人为计税单位的分类税制下规定的免征额标准为每月 3500 元，折算到家庭人均水平约为每月 2000 元[③]，这就意味着家庭人均收入高于每月 2000 元时，应缴纳正的个人所得税，不宜再接受补助。

二、负所得税制再分配效应的模拟测算结果

根据上述设计，我们根据(53)式和(55)式所述方法，对四种类型的负所得税制的再分配效应进行了模拟。具体地说，在统计收入口径和推算收入口径下，我们先将社会救济收入从家庭总收入中扣除，从而还原出社会救济前的家庭收入，作为本测算所依据的补助前的家庭收入，随后在此基础上适用负所得税制规则，得到按负所得税方法进行补助后的家庭收入，并对补助前和补助后的家庭收入利用等价尺度和城市居民消费价格指数进行调整，最后通过对比补助前和补助后的不均等指标取值，得到负所得税制的再分

---

① 哈维·S·罗森(2006)，第 167 页。

② 即第一章第四节所述的均衡收入。

③ 本书第五章模拟分析中对于以家庭为计税单位的各个税制方案对于累进计税的所得均采用了人均每月 2000 元的费用扣除标准，因为考虑赡养系数后这一水平与现行以个人为计税单位的税制下每月 3500 元的费用扣除标准相当，具体可参见第五章第二节关于费用扣除标准的说明。

配效应，结果如表 45 所示。

可以看出，与表 43 所示的现有社会救济制度相比，负所得税制下的再分配效应得到了显著改善，而负所得税单一税率越低，改善的幅度越大。从基于不同不均等指标测算结果的差异看，根据敏感性参数取值较低的广义熵指数(GE_{-1})测算时，负所得税制带来的再分配效应的改善更为显著，这进一步表明，负所得税制比现行社会救济制度可以更有效地缩小低收入群体内部的收入差距。

表 45 还同时列示了现行个人所得税制下的再分配效应，可以看出，除非以敏感性参数取值较低的广义熵指数衡量，当负所得税单一税率较高时，负所得税制的再分配效应仍然不及现行的个人所得税制。但当负所得税单一税率降低到 50%以下时，情况就发生了明显的改变，这时在推算收入口径下测算时，以基尼系数衡量的负所得税再分配效应已经超过出现行个人所得税制，而当负所得税单一税率降低到 25%时，在两种收入口径下以包括基尼系数在内的大部分不均等指标衡量的负所得税再分配效应都明显超出现行的个人所得税制。

表 45　负所得税制再分配效应的模拟测算结果(基于 2012 年收入数据)

再分配方案			负所得税制				现行个人所得税制
			25%	50%	75%	100%	
再分配效应	推算收入口径	GE_2	0.0483	0.0102	0.0039	0.0022	0.0371
再分配效应	推算收入口径	GE_1	0.0349	0.0091	0.004	0.0024	0.0115
再分配效应	推算收入口径	GE_0	0.0594	0.024	0.0141	0.0101	0.0082
再分配效应	推算收入口径	GE_{-1}	0.2619	0.1885	0.1581	0.1419	0.0128
再分配效应	推算收入口径	基尼	0.0228	0.0055	0.0022	0.0012	0.0043
再分配效应	统计收入口径	GE_2	0.0354	0.0091	0.0040	0.0024	0.0423
再分配效应	统计收入口径	GE_1	0.0341	0.0113	0.0056	0.0036	0.0195
再分配效应	统计收入口径	GE_0	0.0510	0.0243	0.0152	0.0113	0.0137
再分配效应	统计收入口径	GE_{-1}	0.1474	0.109	0.0906	0.0804	0.0151
再分配效应	统计收入口径	基尼	0.0338	0.0091	0.0039	0.0023	0.0126

注：最低生活保障标准为家庭人均月收入 500 元。

第三节　负所得税制与单一个人所得税制整合的再分配效应

一、负所得税制和单一个人所得税制整合的制度设计

前文所述的负所得税制事实上是一种基于家庭收入水平向低收入阶层进行转移支付的方式，在操作方法上与传统的社会救济相似，因此这种负所得税并非真正意义上的所得税，它和个人所得税制度的主体是分离的。然而，由于负所得税制和单一个人所得税制计算应纳税额（或应付补助）的公式形式上一致，且现有的模拟测算结果表明，税率为25%左右时，负所得税制和单一个人所得税制都能收到良好的再分配政策效果，出于降低交易成本的目的，有理由考虑将两者结合起来，因此本节将模拟测算负所得税制和单一个人所得税制整合条件下的再分配效应。

负所得税制和单一个人所得税制整合的方式有两种：在第一种方式下，负所得税制将与单一个人所得税制无缝对接，即在统一的计税方式下，当家庭收入低于均衡收入水平时，获得补助，而当家庭收入高于该水平时，则缴纳税收，这种方式也就是斯特恩提出的线性所得税框架①；在第二种方式下，家庭收入超出均衡收入水平时，需要缴纳正的所得税，但获得补助家庭的最高收入水平将低于均衡收入水平，因此，将有一个不需要缴税也不获得补助的家庭收入区间，这样的制度设计虽比第一种方式复杂，但有利于降低政府的转移支付支出，并适当减少政府转移支付对家庭劳动供给的反激励作用。

就具体制度设计而言，第一种整合方式下主要涉及两个关键参数，第一个是最低生活保障标准，根据第二节已经说明的理由，这里仍然采用家庭人均每月500元，第二个是单一税率水平，我们将主要采用20%的税率水平，

① 参见第一章第一节最优税收理论部分的介绍。

这是因为斯特恩(Stern,1976)根据最优所得税理论对线性所得税制下的最优税率的测算结果为20%,同时本书第五章和第六章的测算中也反映税率为20%时单一个人所得税的再分配效应较为理想。但出于对比分析的需要,我们也测算了单一税率水平为25%时的结果。根据(57)式可以计算得到,在500元和20%的参数设定下,家庭人均月收入超过2500元时,需要缴纳个人所得税,低于这一水平时,可以领取补助。

在第二种整合方式下,对于单一税率水平,我们仍然采用20%和25%的设定,但在这种方式下,还需要设计缴纳个人所得税的最低家庭收入和领取补助的最高家庭收入两个收入水平,对于前者,我们仍然采用2500元的家庭人均月收入水平,对于后者,为了避免补助前所得较低的家庭在补助后净所得反而更高,我们设定了2000元的家庭人均月收入水平。因此,当家庭人均月收入为2000元以下时,可以按(57)式的公式获得补助,当家庭人均月收入为2000元到2500元时,不能获得补助,也不需要缴税,当家庭人均月收入在2500元以上时,则需要按(57)式的公式缴纳个人所得税。

第二种整合方式下税前收入水平不同的家庭其补助或所得税及税后收入的变化情况如图32所示,可以看出当家庭人均月收入水平在2000元到2500元时,补助或所得税的水平为零。

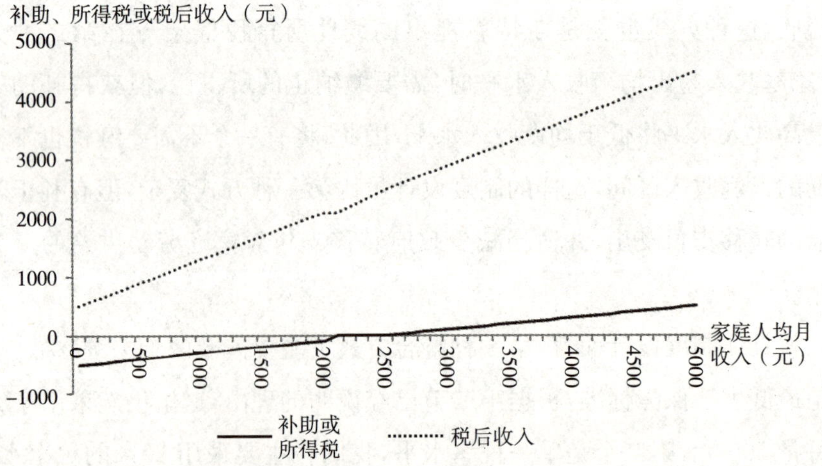

图32 负所得税制和单一个人所得税制整合的一种模式

二、整合的负所得税制和单一个人所得税制的再分配效应

在两种整合方式下，负所得税制和单一个人所得税制整合的再分配效应的测算结果如表 46 所示。为了与负所得税制下的再分配效应进行对比，我们仍然首先将社会救济收入从家庭总收入中扣除，将还原得到的社会救济前的家庭收入作为本测算所依据的补助前及税前的家庭收入，随后在此基础上适用负所得税制和单一个人所得税制整合的规则，得到税后和补助后的家庭收入，并对家庭收入利用等价尺度和城市居民消费价格指数进行调整，最后通过对比补助及税收之前和补助及税收之后的不均等指标取值，得到负所得税制和单一个人所得税制整合的再分配效应。

表 46　负所得税制和单一个人所得税制整合的再分配效应的模拟测算结果

再分配方案			负所得税制和单一个人所税制整合				现行个人所得税制
			方式一(线性所得税)		方式二		
			税率 20%	税率 25%	税率 20%	税率 25%	
再分配效应	推算收入口径	GE2	0.1086	0.0881	0.1051	0.0841	0.0371
		GE1	0.0644	0.0552	0.0627	0.0531	0.0115
		GE0	0.0868	0.0799	0.0858	0.078	0.0082
		GE−1	0.3019	0.2941	0.3013	0.2919	0.0128
		基尼	0.0387	0.0346	0.0380	0.0333	0.0043
	统计收入口径	GE_2	0.0963	0.1007	0.0949	0.0988	0.0423
		GE_1	0.0701	0.0733	0.0694	0.072	0.0195
		GE_0	0.0791	0.0823	0.0788	0.0812	0.0137
		GE_{-1}	0.181	0.185	0.181	0.1841	0.0151
		基尼	0.0670	0.0704	0.0664	0.0688	0.0126

注：最低生活保障标准为家庭人均月收入 500 元。

可以看出，负所得税制和单一个人所得税制整合条件下个人所得税的再分配效应得到了更为显著的改善，其中在第一种整合方式也就是线性所得税框架下，再分配效应又明显更高，这主要是因为在第一种整合方式下，政府给予了低收入阶层更多的补助。

同时，在单一税率水平为 20%时，两种整合方式下的再分配效应都高于单一税率水平为 25%时的情况。如前所述，单一税率水平较高时，对高

收入阶层的调节力度将加强，但对低收入阶层的补助力度将下降，由此可见，对低收入阶层的调节（体现为对低收入阶层的补助）对缩小居民收入差距发挥着更为重要的作用。

第四节　劳动所得税收抵免的再分配效应

一、劳动所得税收抵免的制度设计

前文测算表明负所得税制及其与单一个人所得税制的整合可以显著地改善再分配政策的效果。但是，负所得税制下低收入家庭收入增加时补助将减少，这对全社会的劳动供给可能带来消极影响，劳动所得税收抵免是一种可以避免或减轻这方面的消极影响的收入分配底部调节机制，因此本节将对这种制度的再分配效应进行模拟分析。

由本书第一章第四节对美国劳动所得税收抵免制度的介绍可知，劳动所得税收抵免制度是作为个人所得税制的一个组成部分而存在的，这一制度的实施依赖于对几个关键参数的设计，分别是抵免率、获得最大抵免额的最小劳动所得、最大抵免额、抵免递减率和抵免递减劳动所得范围。关于这些参数的设计，余显财（2010）曾经进行详尽的研究，本书的模拟测算将参照他的参数设定进行，如表47所示。其中表47（A）列示了适用于无子女和有子女家庭的各项参数值，表47（B）以无子女家庭为例列示了根据上述参数设定抵免额随着家庭收入水平的变化而变化的情况[①]。可以看出，对于无子女家庭来说，家庭人均月收入在498元以下时可以获得相当于劳动收入35%的抵免，收入越高，抵免越高；当家庭人均月收入在498元到659元之间时，可获得的抵免额保持在人均每月174元的水平；当家庭人均月收入在659元到1821之间时，家庭可获得的抵免随着收入的增加而递减；而当家庭人均月收入在1821元以上时，不再获得抵免。

① 假定家庭收入全部为劳动所得。

表 47　我国实行劳动所得税收抵免的制度设计(之一)

A. 劳动所得税收抵免参数

家庭类型	抵免率(%)	获得最大抵免额的最小劳动所得	最大抵免额	抵免递减率(%)	抵免递减劳动所得范围	
					最低收入	最高收入
无子女	35	5980	2093	15	7910	21863
有子女	40	8970	3588	20	11865	29805

注:1. 资料来源:余显财(2010);2. 表中各项所得及抵免额等指标均为家庭人均年度值。

B. 不同劳动所得水平对应的抵免额(无子女家庭)

家庭人均年劳动所得(Y,元)	家庭人均月劳动所得(Y,元)	抵免阶段	年抵免额(元)
0－5980	498	递增阶段	35%×Y
5980－7910	498－659	不变阶段	2093
7910－21863	659－1821	递减阶段	2093－15%×(Y－7910)
≥21863	≥1821	无抵免	0

二、劳动所得税收抵免的再分配效应

在推算收入口径下测算的上述劳动所得税收抵免制度的再分配效应如表 48 所示(统计收入口径下的测算结果参见附录十二),其中列示了以家庭为计税单位按年计税时每一种税制方案下实行劳动所得税收抵免(EITC)和不实行劳动所得税收抵免情况下的再分配效应。类似前文中采用的处理方法,这里将社会救济收入从家庭总收入中扣除,并将家庭收入利用等价尺度和城市居民消费价格指数进行了调整。

表 48　劳动所得税收抵免(EITC)再分配效应的模拟测算结果(之一)
(收入口径,2012 年数据)

税制模式		分类税制		半二元税制	
EITC 制度		有 EITC	无 EITC	有 EITC	无 EITC
再分配效应	GE_2	0.0322	0.0279	0.0328	0.0285
	GE_1	0.0111	0.008	0.0118	0.0087
	GE_0	0.0106	0.005	0.0117	0.0061
	GE_{-1}	0.0287	0.0067	0.0315	0.0097
	基尼	0.0046	0.0027	0.0051	0.0032

续表

税制模式		半综合税制		综合税制	
EITC 制度		有 EITC	无 EITC	有 EITC	无 EITC
再分配效应	GE_2	0.0332	0.0288	0.0391	0.0348
	GE_1	0.0119	0.0088	0.0142	0.0111
	GE_0	0.0118	0.0062	0.0136	0.008
	GE_{-1}	0.0317	0.0098	0.0344	0.0126
	基尼	0.0051	0.0032	0.0061	0.0042
税制模式		单一税制(10%)		单一税制(15%)	
EITC 制度		有 EITC	无 EITC	有 EITC	无 EITC
再分配效应	GE_2	0.0199	0.0155	0.0277	0.0234
	GE_1	0.011	0.0079	0.015	0.0119
	GE_0	0.0141	0.0085	0.0183	0.0127
	GE_{-1}	0.038	0.0163	0.0459	0.0245
	基尼	0.0062	0.0043	0.0084	0.0065
税制模式		单一税制(20%)		单一税制(25%)	
EITC 制度		有 EITC	无 EITC	有 EITC	无 EITC
再分配效应	GE_2	0.0357	0.0313	0.0438	0.0394
	GE_1	0.0191	0.016	0.0232	0.0201
	GE_0	0.0226	0.0171	0.0269	0.0214
	GE_{-1}	0.0539	0.0327	0.0618	0.0408
	基尼	0.0107	0.0088	0.0130	0.0111

注:所有税制模式采用以家庭为计税单位按年计税的类型。

可以看出,在每种税制模式下,劳动所得税收抵免都显著改善了个人所得税的再分配效应。其中以基尼系数和敏感性参数取值较低的广义熵指数衡量时,税率为20%的单一税制下包含劳动所得税收抵免的个人所得税制的再分配效应超过了包括综合税制在内的其他税制模式下包含劳动所得税收抵免的个人所得税制的再分配效应。但是,由表48和表46的对比可以看出,劳动所得税收抵免制度改善再分配政策效果的作用明显弱于负所得税制,这可能与余显财(2010)设计的抵免额较低有关。根据表47所示的参数,家庭每月人均可以得到的最高抵免额不足200元,明显低于前文设定的负所得税制下500元的最高补助水平,并且抵免额在达到最高水平后很快就开始递减，这些都导致对低收入群体的调节力度较低。因此，我们尝试将劳动所得税收抵免制度的参数加以调整，主要是提高了最大抵免额和抵免递减劳动所得范围的下限，如表 49 所示。相应地，低收入家庭税前收入、抵免额和税后收入的变化情况如图 33 所示。

表 49　我国实行劳动所得税收抵免（EITC）的制度设计（之二）
（EITC 参数）

家庭类型	抵免率（%）	获得最大抵免额的最小劳动所得	最大抵免额	抵免递减率（%）	抵免递减劳动所得范围	
					最低收入	最高收入
无子女	35	6000	3600	15	12000	24000
有子女	40	9000	6000	20	18000	30000

注：表中所得及抵免额等指标均为人均年度指标。

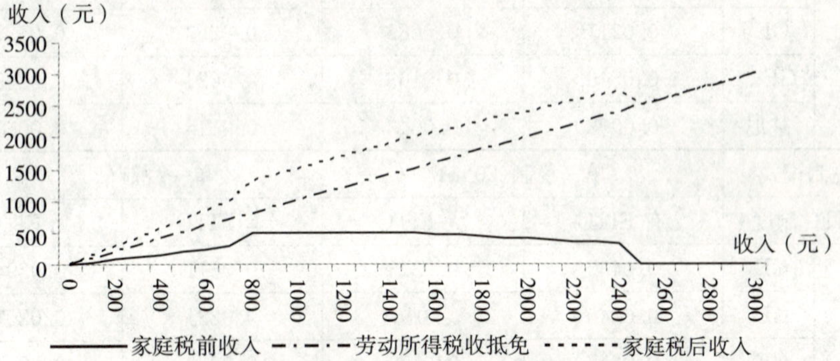

图 33　劳动所得税收抵免制度下的抵免额、税前收入和税后收入

根据表 49 所示的参数设计再次对劳动所得税收抵免制度的再分配效应进行测算的结果如表 50 所示（统计收入口径下的测算结果从略）。

表 50　劳动所得税收抵免（EITC）再分配效应的模拟测算结果（之二）
（推算收入口径，2012 年数据）

税制模式		分类税制		半二元税制	
EITC 制度		有 EITC	无 EITC	有 EITC	无 EITC
再分配效应	GE_2	0.0394	0.0279	0.04	0.0285
	GE_1	0.0159	0.008	0.0166	0.0087
	GE_0	0.0177	0.005	0.0188	0.0061
	GE_{-1}	0.0456	0.0067	0.0484	0.0097
	基尼	0.0076	0.0027	0.0081	0.0032

续表

税制模式		半综合税制		综合税制	
EITC 制度		有 EITC	无 EITC	有 EITC	无 EITC
再分配效应	GE_2	0.0403	0.0288	0.0462	0.0348
	GE_1	0.0167	0.0088	0.019	0.0111
	GE_0	0.0188	0.0062	0.0207	0.008
	GE_{-1}	0.0485	0.0098	0.0511	0.0126
	基尼	0.0081	0.0032	0.0091	0.0042
税制模式		单一税制(10%)		单一税制(20%)	
EITC 制度		有 EITC	无 EITC	有 EITC	无 EITC
再分配效应	GE_2	0.0272	0.0155	0.035	0.0234
	GE_1	0.0159	0.0079	0.0199	0.0119
	GE_0	0.0211	0.0085	0.0253	0.0127
	GE_{-1}	0.0546	0.0163	0.0624	0.0245
	基尼	0.0092	0.0043	0.0115	0.0065
税制模式		单一税制(20%)		单一税制(25%)	
EITC 制度		有 EITC	无 EITC	有 EITC	无 EITC
再分配效应	GE_2	0.0430	0.0313	0.0511	0.0394
	GE_1	0.0240	0.016	0.0281	0.0201
	GE_0	0.0296	0.0171	0.0339	0.0214
	GE_{-1}	0.0701	0.0327	0.0779	0.0408
	基尼	0.0138	0.0088	0.0161	0.0111

注:所有税制模式采用以家庭为计税单位按年计税的类型。

可以看出,提高抵免额水平之后,劳动所得税收抵免制度的再分配效果仍然不及负所得税制。因此,抵免水平的高低不是影响劳动所得税收抵免制度和负所得税制再分配效应对比结果的主要因素,事实上,通过对比图32和图33,我们可以发现负所得税制下收入水平最低的家庭将得到最高水平的补助,而劳动所得税收抵免制度下收入水平最低的家庭可得到的抵免也是最低的,随后有一个抵免先随着收入的上升而上升,再保持不变,再随收入上升而下降的过程,这一并不给予收入水平最低家庭最高补助的制度安排显然会相对削弱劳动所得税收抵免制度的再分配效应。

另外，劳动所得税收抵免的制度参数设计明显比负所得税制复杂，也会影响这一制度实施中的可操作性。

因此，实践中，若能通过规定工作要求的办法克服负所得税制对劳动供给带来的负面影响，负所得税制总体上将是优于劳动所得税收抵免制度的一种底部收入分配调节措施。

第五节　本章小结

本章尝试对多种通过强化底部调节来实现居民收入再分配的方案的效应进行模拟分析并与个人所得税制的再分配效应进行了比较。

研究发现，我国现行的社会救济及其中的最低生活保障制度的再分配效应较为微弱，远远低于现行的个人所得税制。

负所得税制作为对低收入阶层进行转移支付的另一种方式，可以收到远远超过现行社会救济制度的再分配政策效果。

由于负所得税制在形式上和单一个人所得税制十分相似，两者的整合不仅可以节约交易成本，也可以使总体的再分配效应得到更加显著的改善，因此是为增强我国个人所得税再分配效应值得考虑的一条重要途径。

劳动所得税收抵免是包含在个人所得税制度内的一种底部收入分配调节措施，也可以明显改善个人所得税的再分配效应，但其效果不及负所得税制，且参数设计复杂，可操作性欠佳。

第八章
结论和政策建议

第一节　全书主要研究发现

一、研究背景回顾

改革开放以来，在经济总量高速增长的同时，我国居民收入的差距却逐步扩大并保持在较高的水平。然而，初步的国际比较表明，通过采取适当的再分配政策，“效率”和“公平”两大目标是有可能兼顾的。

我国政府十分重视缩小居民收入分配差距的问题，近年来再分配政策的力度不断加大而收效不够理想，因此，需要重新审视我国的收入分配政策体系，寻求更有效的政策工具或对现有的政策工具进行完善。

为了更有效地缩小居民收入差距，政府再分配调节机制的完善应首先以累进的个人所得税和针对低收入阶层的转移支付这两项直接再分配政策工具为抓手，本书重点研究了我国个人所得税的再分配效应及其完善途径，也涉及个人所得税和转移支付制度的配合。

现有关于我国个人所得税再分配效应的研究一般认为我国个人所得税的再分配效应比较微弱，并且 2011 年的个人所得税制调整进一步弱化了我国个人所得税的再分配效应，但这一结论与我国个人所得税最高边际税率在世界上处于较高水平以及我国不断通过个人所得税制调整来调节高收入的实际情况存在矛盾，因此本书力图通过对个人所得税再分配效应测算方法和基础数据的改进，对我国个人所得税的再分配效应进行更加深入细致的研究，并通过模拟分析探索完善我国个人所得税再分配效应的途径。

二、个人所得税再分配效应的测算方法和数据

在对个人所得税的课税原则、税制要素、税制模式以及中外个人所得税制改革的趋势进行简要回顾之后，本书较为详尽地探讨了个人所得税再分配效应的测算方法。与传统的通过比较税前和税后收入基尼系数来衡量个人所得税再分配效应的做法不同，本书认为个人所得税再分配效应的测算结果依赖于所采用的基础不均等指标，虽然基尼系数是应用广泛的不均等指标，但广义熵指数在敏感性参数取值不同时关于税前税后的收入分配能够传递十分丰富的结构性信息，同时可以方便地进行组间和组内效应的分解，因此也应该作为个人所得税再分配效应测算的重要基础不均等指标。

本书还强调了测算对象对于个人所得税再分配效应测算结果的影响，即当居民收入的口径不同，或居民收入的结构或分布特征不同时，测算结果也可能不同，因此，为了使得测算结果更为接近现实，本书借鉴王小鲁的方法构建了包含隐性收入在内的居民收入数据，以之作为测算我国个人所得税再分配效应的基础。

三、我国个人所得税的再分配效应：对 2011 年税制调整影响的重新测算

运用改进的测算方法和基础数据，本书对于 2011 年税制调整对我国个人所得税再分配效应的影响进行了重新测算。研究发现，测算结果确实依赖于所采用的不均等指标和基础数据。

首先，选用基尼系数和敏感性参数取值较低的广义熵指数测算时，2011 年税制调整基本没有改善我国个人所得税的再分配效应，而选用敏感性参数取值较高的广义熵指数测算时，2011 年税制调整则改善了个人所得税的再分配效应。由于基尼系数和敏感性参数取值较低的广义熵指数是对收入

分布底部的变化更为敏感的不均等指标，而敏感性参数取值较高的广义熵指数是对收入分布顶部的变化更为敏感的不均等指标，这一测算结果反映出2011年税制调整使我国个人所得税制更有效地缩小了高收入群体内部的收入差距，而对低收入群体的调节作用没有改善。

其次，当以包含隐性收入的推算收入口径数据测算时，2011年税制调整后我国个人所得税的再分配效应相对更强。这主要是由于我国居民家庭收入的不均等状况十分突出，最富有的家庭占有社会总收入的比重远远超过其他家庭。更重要的是，最富有的家庭赚取的工薪收入占全社会总的工薪收入的比重同样是最高的。这就导致主要减轻工薪收入税负的2011年税制调整降低了部分中低收入家庭的税收负担，中高收入以及高收入家庭受益更多。在推算收入口径下，由于高收入家庭组的总收入中隐性收入占据了更高比重，隐性收入在税改前后均不征税，税改对其负担没有影响，因而在总收入因隐性收入的存在大幅提高而减税额不变的情况下，高收入组家庭平均税负降低的幅度减弱，减税幅度最高的变为中高收入家庭，于是在推算收入口径下税制调整后个人所得税的再分配效应就比税制调整前有所改善了。

四、我国个人所得税再分配效应的改善途径：对总体税制调整和底部调节效应的模拟分析

虽然重新测算的结果表明我国个人所得税的再分配效应在2011年税制调整后有所改善，但与发达国家相比，仍然偏低，因此我们设计了进一步完善个人所得税制的21种方案，分别涉及单一税制（区分4种税率水平）、当前的分类税制、半二元税制、半综合税制以及综合税制，同时考虑了按年和按月两种计税期以及按家庭和按个人两种计税单位，对这些方案下的个人所得税再分配效应进行模拟分析。研究发现：当税率水平在20%以上时，单一税制下个人所得税的再分配效应比当前分类税制以及半综合、半二元、综合等其他税制模式更强。

为了验证上述测算结果的稳健性，我们又从多个角度对包括当前税制在内的22种税制方案下的个人所得税再分配效应进行了扩展分析，包括采

用等价收入口径、利用城市居民消费价格指数对居民家庭收入进行缩减、考虑居民家庭收入随时间推移而增长的影响以及考虑费用扣除标准指数化调整的影响等,研究发现,这些分析都没有改变税率水平适当时单一税制下的个人所得税再分配效应强于其他税制模式的基本结论。

上述 22 种个人所得税制方案都规定了免征额,因而都是从收入分配的顶部对居民收入进行调节,本书最后还尝试对多种底部调节的收入再分配方案的效应进行了模拟分析。研究发现,我国现行的社会救济及其中的最低生活保障制度的再分配效应较为微弱,甚至远远低于现行的个人所得税制;但是,负所得税制和劳动所得税收抵免制度都可以使再分配效应明显改善,其中负所得税制和单一个人所得税制整合的方案下再分配效应改善的成效最为显著,远远超过包括单一个人所得税制在内的 22 种个人所得税制方案(参见表 51)。

表 51　主要再分配政策再分配效应的对比

再分配方案			单一税制(税率 20%)	负所得税制(税率 25%)	负所得税+单一税制(税率 20%)	EITC+单一税制(税率 20%)	现行个人所得税制
再分配效应	推算收入口径	GE_2	0.0312	0.0483	0.1051	0.0357	0.0371
		GE_1	0.0160	0.0349	0.0627	0.0191	0.0115
		GE_0	0.0173	0.0594	0.0858	0.0226	0.0082
		GE_{-1}	0.0334	0.2619	0.3013	0.0539	0.0128
		基尼	0.0089	0.0228	0.0380	0.0107	0.0043
	统计收入口径	GE_2	0.0555	0.0354	0.0949	0.0584	0.0423
		GE_1	0.0332	0.0341	0.0694	0.0361	0.0195
		GE_0	0.0286	0.0510	0.0788	0.0331	0.0137
		GE_{-1}	0.0357	0.1474	0.181	0.0472	0.0151
		基尼	0.0281	0.0338	0.0664	0.0309	0.0126

注:1.单一税制为以家庭为计税单位按年计税的方案;2.负所得税+单一税制模式采用第二种整合方式,有一个家庭不交税也不获得补助的收入区间;3. EITC+单一税制采用第一种抵免额较低的参数设计。

由此可见,在规定免征额且不给予纳税人退税或补助的情况下,单一个人所得税制的再分配效应最强,而若将单一税制和负所得税制或劳动所得税收抵免等底部调节的再分配制度结合,则可以进一步显著改进再分配制度的效果，其中单一税制和负所得税制整合方案下的再分配效果最为显著，该制度的实施将可以根本扭转我国个人所得税再分配效应薄弱的现状，使个人所得税制成为有效的缩小居民收入差距的政策工具。

第二节　完善我国个人所得税制的建议

一、目标模式

我国在“十五”规划时便提出了“建立综合与分类相结合的个人所得税制度”的改革目标，但是，除了年收入12万元以上的纳税人需要进行纳税申报外，我国的个人所得税制至今仍然保持着典型的分类税制的特征，这一方面说明确个人所得税改革的难度确实很大，一方面也表明改革的目标模式需要反思。

单一个人所得税制是在税收理论和实践中屡屡出现的一种个人所得税制模式。20世纪80年代美国学者霍尔和拉布什卡（Hall和Rabushka，1981）对单一个人所得税制进行了较为完善的论述，爱沙尼亚1994年将其付诸实施，此后包括俄罗斯在内越来越多的中东欧国家选择实行单一税制，均取得了偷逃税现象减少、税收收入增加、就业和经济增长状况改善等良好成效（Mitchell，2005）。受此启发，近年来国内外关注并主张实行单一税制的学者越来越多。我国学者中，李稻葵（2011）提出通过实行单一税制对现行个人所得税制度进行全面系统改革，理由是单一税制能够对资本所得和劳动所得适用相同税率，比较公平，且税制简单，税率低，有利于促进公民自觉纳税，适应了我国当前的社会基础。刘尚希（2012）也认为实行单一税制有利于我国强化个税征管，有效参与国际人力资本竞争，能够化解当前以个人为课税单位对不同所得分类课税引发的矛盾，同时，还将通过弱化纳税人的避税动机和增加税收收入而改善个人所得税的再分配效应。但是，更多学者（如安体富，2011；刘佐，2011；贾康和梁季，2011等）认为实行单一税制会加重中低收入者的负担，降低高收入者税负，加剧两极分化，不利于调节收入分配，因而从个人所得税调节收入分配的功能定位出发，主张我国不宜实行单一税制。

概括起来，目前国内学者基本都认同实行单一税制有利于简化税收征管、减少纳税人避税动机、提高税收收入，还能够降低个人所得税对纳税人经济行为的扭曲作用，增强我国对高端人才的吸引力，对单一税制的批评主要集中在实行单一税制不利于收入再分配。

然而，本书的测算结果表明，在我国当前的居民收入结构下，实行税率适当的单一个人所得税制不但不会加剧两极分化，反而更有利于缩小居民收入差距，这显然使得单一税制作为完善我国个人所得税制的一个备选方案更加有吸引力了。

根据本书第一章的分析，个人所得税制应优先贯彻公平原则，并在此基础上优先考虑能够更好兼顾税收效率、简便易行的方案，为增强本国税制的国际竞争力，也有必要采取适度的减税措施。实行税率为20%左右的单一个人所得税制，是完全能够呼应个人所得税制设计的这些基本原则的。

事实上，在能够有效缩小居民收入差距的前提下，我国当前实行单一个人所得税制的必要性和可行性更主要地源于推进包含累进税率的个人所得税综合化改革在征管环节面临的困难。根据本书第二章对我国个人所得税制改革进程的回顾，我国采用当前的分类个人所得税制之前曾经实行过包含累进税率的分类和综合相结合的个人所得税制，这就是1986到1994年间征收的个人收入调节税。根据个人收入调节税的规则，工资薪金，劳务报酬，承包、转包收入以及财产租赁收入合并为综合收入，采用五级超倍累进税率按月计征；稿酬、特许权使用费所得每次扣除800元或20%的费用，按20%的比例税率计征；利息、股息、红利所得和其他所得，不减除费用，按20%的比例税率计征。不难看出，这一规则和本书第五章所述的以个人为计税单位按月计征的半综合个人所得税制方案颇为接近。但是，实践中对于个人收入调节税中需要适用累进税率的综合收入难以课征收到位的问题很快就显现出来了，有学者指出“工资、薪金收入，承包、转包收入，劳务报酬收入，财产租赁收入，合并为综合收入征收，不但使征管工作过于复杂，而且造成偷漏税的漏洞”（江山，1989），“这四项收入的支付单位不同，某个支付单位只知纳税人的某项收入，而不知其他收入，不可能合并计算。即使纳税人某月应该纳税，本人不申报，支付单位又不扣缴，形成税款流失”（刘香荣和潘继祥，1989）。因此，他们主张取消按综合收入征税，改为分别按单项收入征税。在上世纪 90 年代初，认为从我国税收征管水平和公民纳税意识的现状看，在短期内尚不具备推行综合税制的条件，而仍应实行分项所得税制，是关于个人所得税制改革的一种代表性观点（王选汇，1992）。我国 1994 年税制改革中对修改后的个人所得税法，采用了分项扣费、分项定率、分项计征的模式，正是为了适应纳税人纳税意识和税收征收管理的现状，既方便纳税人缴税，又有利于税务机关组织征收和监督管理（李永贵，1994）。

1994 年税制改革至今虽已 20 多年过去了，随着我国经济的高速增长，国家税收征管水平也有了长足的进步。但是，征管条件不具备仍然是制约我国实行包含累进税率的综合制个人所得税改革的一个重要障碍（高培勇、杨志强、王炜、石坚、张斌和蒋震，2017）。因此，在单一税制可以达成更好的再分配效果的情况下，为避免过去在个人收入调节税中采用包含累进税率的综合课征方法曾经出现的问题，实行更为简便的单一税制，就成为一个务实的个人所得税制改革方向。

同时，本书研究表明，引入底部调节机制是增强我国个人所得税再分配效应的一个有效途径，其中将单一个人所得税制和负所得税制相结合的做法可以实现最为显著的总体再分配效果，实施上比较便利，因此，也是值得进一步探索和尝试的一个总体再分配政策方案。

二、实施策略

单一个人所得税制虽然具有许多优点，也相对比较简便易行，但它与现行个人所得税制的差距较大，也与各界心目中的“综合与分类相结合的个人所得税制”目标模式差距较大，为做好充分的民意上和技术上的准备，从现行分类个人所得税制向单一个人所得税制的转型必然是无法一蹴而就的，考虑到以家庭为计税单位对于征管条件的要求较高，而引入负所得税，又涉及对现行财政转移支付制度的重大调整，按照先易后难、平稳过渡的原则，本书建议现阶段首先考虑推行以个人为计税单位按年计税的单一个人所得税制，并对具体实施策略设计如下：

（一）计税方法

本书建议的推行单一个人所得税制初期采用的税制方案为表 27 中的方案 17，即对自然人纳税人根据以下公式计算应纳税额：

$$全年应纳税额 = （全年应税总所得 - 全年标准费用扣除额）\times 20\% \tag{58}$$

其中，全年标准费用扣除额参照现行税制下的标准应为 42000 元（每月 3500 元），全年应税总所得为排除各类免税项目后纳税人的全部应税收入，但部分所得项目可扣除必要的成本费用，如经营所得以扣除成本费用的经营净收入计入应税总所得①，财产转让所得以扣除财产购入成本的净所得计入应税总所得。免税项目可沿用现行税制下的规定，包含国债利息、离退休工资、保险赔款等，也可进行必要的调整。确需减税的项目，也可按一定的比例计入应税总所得，如参照现行税制，可规定稿酬所得按 70%计入应税总所得，持有上市公司股份一个月到一年以上获得的股息红利按 50%计税应税总所得，等等。

虽然尚未实现针对家庭支出的实际情况进行差异化的费用扣除，但上述方案基本可以避免纳税人通过调整所得类型或分散所得期间进行避税，可明显缓解现行分类个人所得税对不同类型所得实行差别税收待遇导致的横向税负不公平。以 2012 年样本家庭的收入数据测算，实行这一方案将使以基尼系数衡量的个人所得税再分配效应由现行税制下的 0.0040 提升到 0.0062（如表 32 所示），提升幅度达 55%，并且将使个人所得税收入增长 70%左右，因此从我国强化个人所得税再分配效应和逐步提高直接税比重的既定目标出发，改革的成效将十分显著。

（二）同步配套税制改革措施

虽然本书多角度的测算都证实了上述单一个人所得税制方案对于改善个人所得税再分配效应的良好作用，但是由于最低边际税率由 3%提高到 20%，且某些费用扣除不再适用，这一方案短期内确实将导致一部分纳税人

---

① 纳税人发生经营亏损时，经营净收入计为 0。

税负的上升，尽管这些税负上升的纳税人在所有纳税人中已经属于收入最高的 20%，他们的反对仍将对税制调整构成较大的阻力。针对这种情况，最可行的解决方案就是将单一个人所得税制和降低中低收入者税负的其他税制改革措施同步推出①。

事实上，2011 年个人所得税制调整后我国虽将个人所得税的最低边际税率由 5%调整到 3%，但并未根本上改变适用低税率的收入级距过密的问题，如图 34 所示，当纳税人的税前月收入超过 3500 元时开始缴纳个人所得税，第一档的适用税率为 3%，但是随着纳税人收入的提高，税率很快就开始上升，纳税人的税前月收入提高到 8000 元以上时，已经开始适用 20%的税率了。

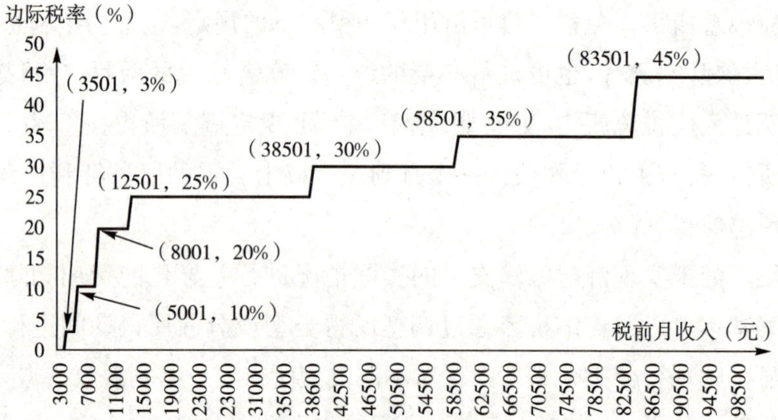

图 34　2011 年税制调整后我国个人所得税的税率结构

如表 52 所示，对于一个只有工资薪金收入的纳税人来说，以 20%的单一税率替代当前的累进税率造成的税负提升占其税前收入的比重不会超过 7%，就绝对额来说，不会超过 555 元，这一水平应该在纳税人可以承受的范围之内。但是，为了尽可能争取广泛的支持，仍然可以考虑同步推出费用扣除标准的指数化调整，或增值税基本税率的下调。就费用扣除标准指数化调整而言，若以 2011 年的每月 3500 元为基础根据各年的城市居民消费价格指数进行调整，2018 年的费用扣除标准应为每月 4200 元左右，相应可显

① 降低中低收入者税负的税制改革措施受益面广泛，同样会使这部分原适用 3%到 20%税率的纳税人群体受益。

著减轻推行单一税制的当年对部分纳税人带来的税负增长。就增值税率的下调而言，目前我国的增值税基本税率为17%，而周边的日本、澳大利亚等同样实行增值税的国家基本税率都在10%以下，因此，我国增值税基本税率已经面临比较大的下调压力，如能同步将增值税基本税率下调到13%甚至11%，其带来的减税效应将有助于单一个人所得税制的顺利推出。本书建议在推行单一个人所得税制的初期阶段同步将计税期间由月度转为年度，也是考虑到月度费用扣除标准既定时按年计税可以避免收入不稳定的纳税人部分月份费用扣除不充分，从而可以减轻纳税人的总体税负。

表52 单一税率与现行累进税率下典型纳税人税负的对比

税前月收入	现行税制下的应纳税额	单一税制下的应纳税额（费用扣除为每月3500元）	税负增长额（费用扣除为每月3500元）	单一税制下的应纳税额（费用扣除为每月4200元）	税负增长额（费用扣除为每月4200元）
3500	0	0	0	0	0
4000	15	100	85	0	−15
4500	30	200	170	60	30
5000	45	300	255	160	115
5500	95	400	305	260	165
6000	145	500	355	360	215
6500	195	600	405	460	265
7000	245	700	455	560	315
7500	295	800	505	660	365
8000	345	900	555	760	415
8500	445	1000	555	860	415

注：假定纳税人只有工资薪金所得，未考虑社会保险等其他扣除。

（三）征管措施

为尽可能使税收征管简便易行，本书建议新的单一个人所得税制仍然坚持以源泉扣缴为主的征收方法，但为确保按(58)式中的计税规则准确进行费用扣除，建议将征纳过程分为两步：

第一步，对各类所得先沿用现行税制的办法进行课征。即对经营所得按年采用申报法征收，对工资薪金所得按月源泉扣缴，对其他所得按次源泉扣缴，但对工资薪金和经营所得仍然适用每月3500元或每年42000元的费用扣除标准，对劳动报酬等其他所得则不再适用费用扣除。工资薪金所得各月均超过扣除标准和经营所得当年超过扣除标准的纳税人，不再需要履行其他纳税手续。

第二步，对于部分由于总收入中劳务报酬等其他所得占比较大或工资薪金所得在月度间不均衡而在第一步未能充分享受全年42000元费用扣除的纳税人，给予退税。具体操作方法，可以由纳税人在纳税年度终了时申报并申请退回在源泉扣缴阶段多交的税款，也可由税务机关在征管系统中自动完成。当然，纳税人可获得的退税以本人已经缴纳的税款为限，政府并不支付任何额外的补贴。

由上述第二个步骤可以看出，单一税制其实是一种采用比例税率的综合税制，和典型意义上采用累进税率的综合税制相似的是，由于涉及对不同类型所得的合并计税，也需要在源泉课征基础上对应纳税额进行清算，相应地，需要扩大纳税申报的范围和（或）对分类税制下的税收征管系统进行更新。

但是，也要看到，本书建议的单一税制下的纳税申报与累进税率条件下的纳税申报具有显著的差异，主要是累进税率下的纳税申报往往意味着适用更高的税率和税收负担的增加，因此纳税人主观上排斥甚至希望想方设法加以逃避，这就大大增加了征管的难度，而上述单一税制下的纳税申报意味着适用更高的费用扣除和税收负担的下降，因此纳税人主动配合的积极性将大大增强。同时，上文虽提出在第二步可由纳税人申报并申请退税，但由于所需要的信息是当地税务机关在第一步源泉扣缴阶段基本是已经掌握的，只要纳税人将个人账户与税务机关的征管系统绑定，这一步骤即可由税收征管系统自动处理完成。近年来我国互联网技术发展日新月异，大数据处理和支付清算能力迅速提升，当前税务机关的税收征管系统已经具备准确搜集和处理纳税人当期当地纳税信息的能力[①]，各大金融机构、移动支付

① 如上海市税务局已经能够提前以短信提醒年收入超过12万元的纳税人进行年度纳税申报，纳税申报可通过上海税务网站、上海税务微信公众号、上海发布微信公众号、上海个人办税APP、上海市民云APP、支付宝APP等多个平台进行，且系统已自动预填了工资薪金等各项应税所得、已缴（扣）税额、应补税额等主要申报项目信息，纳税人只需核实确认即可完成申报。

平台等也能够提供丰富的支付结算手段，在大部分纳税人不需要进行纳税申报和退税的情况下，上述税收征管系统的更新在技术上完全是可行的。针对纳税人在两地以上取得应税所得，从而本地税务机关不充分掌握源泉扣缴阶段纳税信息从而不能实施自动退税的情况，现阶段需由纳税人申报后退税，未来随着征管系统的全国联网，也可实行自动退税。

当然，在单一税制下，也可能出现纳税人在两处或两处以上取得工资薪金所得、在境外取得所得，取得应纳税所得没有扣缴义务人等特殊情况，从而导致源泉扣缴不充分或重复费用扣除，为此可以保留现行税制下的做法，规定纳税人自行纳税申报。对于年所得12万元以上的纳税人需进行纳税申报的规定也应该保留，这是未来适时推行按家庭计税和差别化费用扣除的必要基础。

三、进一步的讨论

在前文分析中，我们将单一个人所得税制作为区别于“综合”、“分类”与“分类综合”(包括“半二元”与“半综合”)个人所得税制的一种新的税制模式。这种区分作为税收学界的一种普遍做法，是基于一种隐含的假定或共识，即综合税制下税率总是累进的。

然而，从字面上看，“综合”与“分类”的区分显然是基于一般意义上的不同类型所得的税收待遇，而并没有明确针对税率形式。换言之，如果纳税人的总所得可以细分为N个类型，则分类税制对其中的每种类型都规定不同的税收待遇(包括税率、费用扣除、计税期间、征税方法等)，综合税制对N种类型的所得都规定相同的税收待遇，分类综合税制则是对其中的n种类型的所得规定相同的税收待遇，对其余N－n种类型的所得规定各不相同的税收待遇。从这个意义上说，对N种类型的所得都适用统一的比例税率、统一的费用扣除标准、计税期间和征税方法的单一个人所得税制也是一种综合税制，而即使N种所得都适用统一的比例税率，如果对其中的n种所得采用统一的费用扣除标准、计税期间与征税方法，而对其余的N－n种所得采用不同的费用扣除标准、计税期间或征税方法，这种税制也是一种分类综合所得税制。

就本书建议的单一个人所得税制而言，虽然每种应税所得都适用统一的比例税率（20%），但仍然有部分所得可以免税或减税，同时就费用扣除而言，经营所得适用标准生计费用扣除加据实成本费用扣除，其他所得适用标准生计费用扣除，就征税方法而言，经营所得采用申报法，其他所得以源泉课征为主，申报为辅。因此，这种单一个人所得税制也可以视为综合和分类相结合的个人所得税制的一种表现形式，从而本书也成为综合和分类相结合的个人所得税制实现方式的一种探索。

第三节　本书不足之处和未来研究展望

本书基于新的测算方法和数据，对于我国个人所得税的再分配效应及其改善途径进行了系统的模拟分析，并综合考虑个人所得税的课税原则以及国内外个人所得税制发展的进程和趋势，尝试提出了通过实行单一个人所得税制来改善我国个人所得税再分配效应的思路。

但是，受到作者时间、精力、能力以及数据来源等多方面的限制，本书尚有一些局限和不足：

第一，由于个人所得税仅对城镇居民征收，本书研究的个人所得税再分配效应限于个人所得税对城镇居民收入差距的影响。但很多研究表明，城乡差距是我国居民收入差距扩大的一个主要原因，因此，未能考察个人所得税对我国总体居民收入再分配的效应，是本书的一个比较重要的局限。

第二，虽然作者测算所依据的国家统计局城镇住户调查数据是目前可得的包含最详尽居民家庭涉税收入信息的微观数据，但该数据对收入的分类仍然与个人所得税中的所得分类不尽一致，社会保险等费用支出口径与个人所得税中的相关规定也不一致。同时，本书虽强调考虑隐性收入对于评价个人所得税的再分配效应十分重要，但无法获得准确的隐性收入信息。因此，本书的测算中包含一些假定和估计的成分，必将引起误差，这是本书的另一个比较重要的局限。

第三，本书关于个人所得税再分配效应的模拟测算均以法定税率为依据，没有考察可能存在的税收流失，也没有考虑课税引起纳税人行为改变的影响。个人所得税引起的纳税人行为改变包括各类避税行为、增加或减少劳动供给的行为、对经营方式或资产组合重新安排的行为等，这些行为随着时间的推移必将影响纳税人的收入分配，未能考虑这些行为效应，也是本书的重要局限。

第四，作者关于未来个人所得税制调整的建议还只是框架性的设想，不够具体详尽，一定也不乏考虑不周之处。

上述局限和不足，有助于读者更客观地认识本书的研究成果，也是作者在未来进一步深化研究的方向。

当然，对于本书可能存在的其他问题和错误，作者真诚期待来自各方面的批评和指正。

参考文献

[1] 安福仁、沈向民:《工资薪金个人所得税税前扣除额变化对收入影响的实证研究》,《税务研究》,2011 年第 3 期。

[2] 安体富:《探讨个人所得税改革的几个问题——兼评〈个人所得税法修正案(草案)〉》,《地方财政研究》,2011 年第 7 期。

[3] 白景明:《按家庭计征个人所得税条件尚不成熟》,《中国财政》,2011 年第 14 期。

[4] 保罗·A·萨缪尔森、威廉·D·诺德豪斯著,高鸿业等译:《经济学(第 2 版)》,中国发展出版社,1992 年。

[5] 蔡秀云、周晓君:《我国个人所得税调节收入分配效应研析》,《税务研究》,2014 年第 7 期。

[6] 曹桂全、任国强:《个人所得税再分配效应及累进性的分解分析——以天津市 2008 年城镇住户为样本》,《南开经济研究》,2014 年第 4 期。

[7] 陈东、朱昭霖:《二元所得税的兴起:国际经验及启示》,《涉外税务》,2008 年第 6 期。

[8] 陈工、陈伟明:《当前我国个人所得税改革的若干问题探讨》,《税务与经济》,2011 年第 6 期。

[9] 陈建东、蒲明:《关于我国个人所得税费用扣除额的研究》,《税务研究》,2010 年第 9 期。

[10] 高培勇:《个税改革:还是要加快向综合与分类结合制转轨》,《税务研究》,2008 年第 1 期。

[11] 高培勇:《个人所得税: 迈出走向“综合与分类相结合”的脚步》,中国财政经济出版社,2011 年。

[12] 高培勇:《迈出走向综合与分类相结合个人所得税制度的脚步》,《中国财政》,2011 年第 18 期。

[13] 高培勇、杨志强、王炜、石坚、张斌、蒋震:《个人所得税改革方案及征管条件研究》,《税务研究》,2017 年第 2 期。

[14] 古建芹、张丽微:《税率调整:强化我国个人所得税收入分配调节效应的选择》,《涉外税务》,2011 年第 2 期。

[15] 郭晓丽:《个人所得税调节城镇居民收入再分配效应研究》,《财经问题研究》,2015 年第 6 期。

[16] 国家统计局城市社会经济调查司:《中国城镇住户调查手册》,2006 年。

[17] 哈维 · S · 罗森著,郭庆旺、赵志耘译:《财政学(第 7 版)》,中国人民大学出版社,2006 年。

[18] 郝春虹:《效率与公平兼顾的最优所得税:理论框架及最优税率估计》,《当代财经》,2006 年第 2 期。

[19] 何立新、袁从帅、王姜林、许银奎:《个人所得税的收入再分配效应分析》,《税务研究》,2013 年第 12 期。

[20] 胡鞍钢:《加强对高收入者个人所得税征收调节居民贫富收入差距》,《财政研究》,2002 年第 10 期。

[21] 黄凤羽、王一如:《我国个人所得税对城镇居民收入的调节效应研究》,《税务研究》,2012 年第 8 期。

[22] 吉恩 · 希瑞克斯、加雷恩 · D · 迈尔斯著,张晏等译:《中级公共经济学》,上海人民出版社,2011 年。

[23] 贾康、梁季:《我国个人所得税改革的回顾与展望》,《中国财政》,2011 年第 20 期。

[24] 贾康、梁季:《以综合改革合理解决个税起征点问题》,网址 http://

finance. sina. com. cn/leadership/mroll/20110610/14399972226. shtml，2011 年 6 月 10 日。

［25］江山：《个人收入调节税征收状况剖析》，《瞭望周刊》，1989 年第 47 期。

［26］金晓通：《综合所得税制是个人所得税改革的最佳选择》，《税务研究》，2003 年第 10 期。

［27］李波：《公平分配视角下的个人所得税模式选择》，《税务研究》，2009 年第 3 期。

［28］李稻葵：《个税必须全面系统改革》，《中国总会计师》，2011 年第 5 期。

［29］李华：《家庭还是个人：论我国个人所得税纳税单位选择》，《财政研究》，2011 年第 2 期。

［30］李林木：《综合与分类相结合的个税改革：半二元模式的选择与征管》，《财贸经济》，2012 年第 7 期。

［31］李绍荣、耿莹：《中国的税收结构、经济增长与收入分配》，《经济研究》，2005 年第 5 期。

［32］李炜光：《个税改革的大方向：以综合税制替代分类税制》，《小康》，2011 年第 4 期。

［33］李文：《征管水平约束下的选择：单一税改革》，《涉外税务》，2011 年第 4 期。

［34］李延辉、王碧珍：《个人所得税调节城镇居民收入分配的实证研究》，《涉外税务》，2009 年第 1 期。

［35］李永贵：《关于我国个人所得税税法修改有关情况的说明》，《中国税务》，1994 年第 1 期。

［36］李宇、刘穷志：《收入不平等与个人所得税再分配》，《山西财经大学学报》，2011 年第 11 期。

［37］梁俊娇、何晓：《我国个人所得税再分配效应研究》，《中央财经大学学报》，2014 年第 3 期。

［38］刘汉屏：《个人所得税免征额提高之悖论》，《山东财政学院学报》，2005 年第 6 期。

[39] 刘丽坚:《论我国个人所得税的职能及下一步改革设想》,《税务研究》,2006 年第 8 期。

[40] 刘尚希:《按家庭征个人所得税会更公平吗?——兼论我国个人所得税改革的方向》,《涉外税务》,2012 年第 10 期。

[41] 刘尚希、应亚珍:《个人所得税:如何发挥调节功能》,《税务研究》,2004 年第 3 期。

[42] 刘香荣、潘继祥:《完善个人收入调节税之浅见》,《中央财政金融学院学报》,1989 年第 5 期。

[43] 刘怡、胡祖铨、胡筱丹:《工薪所得个人所得税税率的累进设计:问题与改进》,《税务研究》,2010 年第 9 期。

[44] 刘元生、杨澄宇、袁强:《个人所得税的收入分配效应》,《经济研究》,2013 年第 1 期。

[45] 刘佐:《关于完善我国个人所得税制度的初步设想》,《财政研究》,2003 年第 12 期。

[46] 刘佐:《个人所得税制度改革"十一五"回顾与"十二五"展望》,《财政研究》,2011 年第 10 期。

[47] 罗楚亮、岳希明、李实:《对王小鲁灰色收入估算的质疑》,《比较》,2011 年第 2 期。

[48] 米尔顿·弗里德曼著,张瑞玉译:《资本主义与自由》,商务印书馆,2011 年。

[49] 庞淑芬:《中国个人所得税的收入分配效应分析——基于北京市 2008—2014 年城镇居民的数据》,《云南社会科学》,2016 年第 6 期。

[50] 彭海艳:《我国个人所得税再分配效应及累进性的实证分析》,《财贸经济》,2011 年第 3 期。

[51] 全国人大常委会法制工作委员会经济法室:《社会公众对个人所得税法修正案(草案)的意见》,网址 http://www.npc.gov.cn/npc/xinwen/syxw/2011-06/15/content_1659065.htm,2011 年 6 月 11 日。

[52] 饶海琴、冯仲华:《个人所得税调控居民收入分配差距的分层次功能——基于上海市城镇居民收入 1990~2006 年数据》,《上海经济研究》,2010 年第 4 期。

[53] 人民日报记者:《稳步推进我国个人所得税制改革:访财政部副部长楼继伟》,《人民日报》,2005 年 9 月 7 日第 6 版。

[54] 石子印、张燕红:《个人所得税的累进性与再分配效应——以湖北省为例》,《财经科学》,2012 年第 3 期。

[55] 孙佳宁:《华生:提高个税起征点是更大的不公》,《南方人物周刊》,2011 年第 14 期。

[56] 滕风华:《完善工资薪金个人所得税纳税期限研究》,《中国财政》,2016 年第 21 期。

[57] 田志伟、胡怡建、朱王林:《个人所得税、企业所得税、个人社保支出与收入分配》,《财经论丛》,2014 年第 11 期。

[58] 万莹:《英国个人所得税源泉扣缴制度》,《涉外税务》,2007 年第 12 期。

[59] 万莹:《个人所得税对收入分配的影响:由税收累进性和平均税率观察》,《改革》,2011 年第 3 期。

[60] 王琴梅、赵阳阳、刘卫波:《个人所得税调节居民收入分配功能的研究——以陕西城镇居民相关数据为样本》,《西安财经学院学报》,2012 年第 4 期。

[61] 王小鲁:《灰色收入与发展陷阱》,中信出版社,2012 年。

[62] 王选汇:《对修改个人所得税法的若干构思》,《涉外税务》,1992 年第 9 期。

[63] 王亚芬、肖晓飞、高铁梅:《我国收入分配差距及个人所得税调节作用的实证分析》,《财贸经济》,2007 年第 4 期。

[64] 徐建炜、马光荣、李实:《个人所得税改善中国收入分配了吗——基于对 1997—2011 年微观数据的动态评估》,《中国社会科学》,2013 年第 6 期。

[65] 徐静:《我国个人所得税的再分配效应研究》,中国税务出版社,2014 年。

[66] 杨斌:《西方模式个人所得税的不可行性和中国式个人所得税的制度设计》,《管理世界》,2002 年第 7 期。

[67] 杨斌:《论确定个人所得税工薪所得综合费用扣除标准的原则和方法》,《涉外税务》,2006 年第 1 期。

[68] 杨斌、石建兴:《中国式个人所得税的制度设计》,《财政研究》,2004 年第 7 期。

[69] 杨卫华、钟慧:《强化个人所得税对居民家庭收入的调节作用——以广州市城镇居民家庭收入为例》,《税务研究》,2011 年第 3 期。

[70] 余显财:《Eitc、最低工资与福利制度创新》,《财贸经济》,2010 年第 3 期。

[71] 余显财:《个人所得税税制模式:公平与效率的权衡》,《中南财经政法大学学报》,2011 年第 2 期。

[72] 岳树民、卢艺:《世界主要经济体个人所得税课税模式及对我国的启示》,《中国税务》,2010 年第 11 期。

[73] 岳树民、卢艺:《个人所得税纳税单位的选择:家庭还是个人》,《税收经济研究》,2013 年第 3 期。

[74] 岳希明、徐静:《我国个人所得税的居民收入分配效应》,《经济学动态》,2012 年第 6 期。

[75] 岳希明、徐静、刘谦、丁胜、董莉娟:《2011 年个人所得税改革的收入再分配效应》,《经济研究》,2012 年第 9 期。

[76] 翟继光:《个人所得税的收入差距调节功能及其优化》,《重庆社会科学》,2012 年第 1 期。

[77] 张斌:《税收制度与收入再分配》,《税务研究》,2006 年第 8 期。

[78] 张东生:《中国居民收入分配年度报告(2013)》,中国财政经济出版社,2013 年。

[79] 张世伟、万相昱:《个人所得税制度的收入分配效应——基于微观模拟的研究途径》,《财经科学》,2008 年第 2 期。

[80] 张文春:《个人所得税与收入再分配》,《税务研究》,2005 年第 11 期。

[81] 朱青:《个人所得税免征额初探》,《税务研究》,2003 年第 10 期。

[82] 朱为群:《个税改革的理想与实现路径》,《中国财政》,2017 年第 4 期。

[83] 邹凯丽:《湖北省个人所得税对城镇居民收入分配作用的实证研究——基于2000年~2013年的省级面板数据》,《中南财经政法大学研究生学报》,2014年第5期。

[84] Araar, A. & J. Duclos, 2007, "DASP: Distributive Analysis Stata Package", PEP, World Bank, UNDP and Université Laval.

[85] Atkinson, A. B., 1985, The Economics of Inequality. Clarendon Press, Oxford.

[86] Cowell, F. A., 2011, Measuring Inequality. Oxford University Press, Oxford.

[87] Diamond, P. A., 1998, "Optimal Income Taxation: An Example with a U-shaped Pattern of Optimal Marginal Tax Rates", American Economic Review, 88(1), pp. 83~95.

[88] Genser, B., 2006, "The Dual Income Tax: Implementation and Experience in European Countries", International Studies Program Working Paper Series, at Andrew Young School of Policy Studies, Georgia State University, paper0625.

[89] Haig, R. M., 1921, "The Concept of Income-Economic and Legal Aspects", Federal Income Tax, 38(1), pp. 14~25.

[90] Hao, L. & D. Q. Naiman, 2010, Assessing Inequality. Sage Publications, Los Angeles.

[91] Kakwani, N. C., 1984, "On the Measurement of Tax Progressivity and Redistribution Effect of Taxes with Applications to Horizontal and Vertical Equity", Advances in Econometrics: A Research Annual, 3, pp. 149~168.

[92] Keen, M., Y. Kim & R. Varsano, 2008, "The 'Flat Tax(es)': Principles and Experience", International Tax and Public Finance, 15(6), pp. 712~751.

[93] Keynes, J. M., 1936, The General Theory of Employment, Interest and Money. Macmillan and Co., Limited, London.

[94] Lambert, P. J., 2001, The Distribution and Redistribution of Income: A Mathematical Analysis. Manchester University Press, Manchester.

[95] Mirrlees, J. A., 1971, "An Exploration in the Theory of Optimum Income Taxation", Review of Economic Studies, 38(2), pp. 175~208.

[96] Musgrave, R. A. & T. Thin, 1948, "Income Tax Progression, 1929—48", Journal of Political Economy, 56(6), pp. 498~514.

[97] Neumark, F., 1947, Theorie Und Praxis Der Modernen Einkommensbesteuerung. A. Francke, Bern.

[98] OECD, 2006, Fundamental Reform of Personal Income Tax: Complete Edition OECD Tax Policy Studies No. 13.

[99] OECD, "Adjusting Household Incomes: Equivalence Scales", http://www.oecd.org/els/soc/OECD-Note-EquivalenceScales.pdf, 2017-08-27.

[100] Pfähler, W., 1990, "Redistributive Effect of Income Taxation: Decomposing Tax Base and Tax Rates Effects", Bulletin of Economic Research, 42(2), pp. 121.

[101] Ramsey, F. P., 1927, "A Contribution to the Theory of Taxation", Economic Journal, 37(145), pp. 47~61.

[102] Sabirianova Peter, K. & S. Buttrick, 2010, "Global Reform of Personal Income Taxation, 1981—2005: Evidence From 189 Countries", Social Science Electronic Publishing: 63(3), pp. 447~478.

[103] Schanz, G., 1896, "Der Einkommensbegriff Und Die Einkommensteuergesetze", Finanzarchiv, 13(1), pp. 1~87.

[104] Sen, A. & J. Foster, 1973, On Economic Inequality. Oxford University Press, Oxford.

[105] Simons, H. C., 1938, Personal Income Taxation: The Definition of Income as a Problem of Fiscal Policy. Chicago University Press, Chicago.

[106] Smith, A., 1976, An Inquiry into the Nature and the Causes of the Wealth of Nations. Chicago University Press, Chicago.

[107] Stern, N. H., 1976, "On the Specification of Models of Optimum Income Taxation", Journal of Public Economics, 6(1), pp. 123~162.

[108] Wagner, A. , 1958, Three Extracts on Public Finance. Palgrave Macmillan UK.

[109] Wanniski, J. , 1978, "Taxes, Revenues and the 'Laffer Curve'", The Public Interest, Winter 1978,50, pp. 3～16.

[110] Wu, X. & J. M. Perloff, 2005, "China's Income Distribution, 1985—2001", Review of Economics & Statistics, 87(4), pp. 763～775.

[111] Hall, R. E. & A. Rabushka, 1981, "A Proposal to Simplify Our Tax System", Wall Street Journal, 10, pp. 1981.

[112] Mitchell, D. J. , 2005, "Eastern Europe's Flat Tax Revolution", Tax Notes International, 14, pp. 989～990.

附　录

附录一　我国 2011 年对工资薪金所得和经营所得个人所得税率的调整

A. 工资薪金所得适用

税改前		税改后	
月应税所得(元)	适用税率（%）	月应税所得(元)	适用税率（%）
500 以下	5	1500 以下	3
501—2000	10	1501—4500	10
2001—5000	15	4501—9000	20
5001—20000	20	9001—35000	25
20001—40000	25	35001—55000	30
40001—60000	30	55001—80000	35
60001—80000	35	80000 以上	45
80001—100000	40		
100000 以上	45		

B. 经营所得适用

税改前		税改后	
年应税所得(元)	适用税率（%）	年应税所得(元)	适用税率（%）
5000 以下	5	15000 以下	5
5001—10000	10	15001—30000	10
10001—30000	20	30001—60000	20
30001—50000	30	60001—100000	30
50000 以上	35	100000 以上	35

附录二　我国个人所得税工资薪金所得的税率表（1980年）

全月收入额(元)	适用税率（%）	年应税所得(元)	适用税率（%）
800 以下	免	6001－9000	30
801－1500	5	9001－12000	40
1501－3000	10	12001 以上	45
3001－6000	20		

附录三 我国个体经济十四级全额累进税率表（1963 年）

级距	全年所得额	税率(%)
1	所得额未满 120 元	7
2	所得额在 120 元以上未满 180 元	8
3	所得额在 180 元以上未满 240 元	10
4	所得额在 240 元以上未满 300 元	12
5	所得额在 300 元以上未满 360 元	15
6	所得额在 360 元以上未满 420 元	20
7	所得额在 420 元以上未满 480 元	25
8	所得额在 480 元以上未满 600 元	30
9	所得额在 600 元以上未满 720 元	35
10	所得额在 720 元以上未满 840 元	40
11	所得额在 840 元以上未满 960 元	45
12	所得额在 960 元以上未满 1140 元	50
13	所得额在 1140 元以上未满 1320 元	56
14	所得额在 1320 元以上未满 1800 元	62
加一成	所得额在 1800 元以上未满 2500 元	
加二成	所得额在 250 元以上未满 3500 元	
加三成	所得额在 3500 元以上未满 5000 元	
加四成	所得额在 5000 元以上	

附录四　我国城乡个体工商业户所得税税率表（1986 年）

级距	全年所得额	税率(%)	速算扣除数(元)
1	不超过 1,000 元的	7	0
2	1,001 至 2,000 元的部分	15	80
3	2,001 至 4,000 元的部分	25	280
4	4,001 至 6,000 元的部分	30	480
5	6,001 至 8,000 元的部分	35	780
6	8,001 至 12,000 元的部分	40	1,180
7	12,001 至 18,000 元的部分	45	1,780
8	18,001 至 24,000 元的部分	50	2,680
9	24,001 至 30,000 元的部分	55	3,880
10	30,001 元以上的部分	60	5,380
加一成	50,001 元至 60,000 元的部分	66	8,380
加二成	60,001 元至 70,000 元的部分	72	11,980
加三成	70,001 元至 80,000 元的部分	78	16,180
加四成	超过 80,000 元的部分	84	20,980

附录五　我国个人收入调节税综合收入项目的税率表（1986年）

A. 个人收入调节税第一档次税率表

适用地区	六类和六类以下工资区		
地区计税基数	100元	税率 %	速算扣除数 （元）
超基数的倍数	全月应纳税收入额		
三倍	400元以上至500元部分	20	80
四倍	500元以上至600元部分	30	130
五倍	600元以上至700元部分	40	190
六倍	700元以上至800元部分	50	260
七倍	800元以上部分	60	340

B. 个人收入调节税第二档次税率表

适用地区	七、八类工资区		
地区计税基数	105元	税率 %	速算扣除数 （元）
超基数的倍数	全月应纳税收入额		
三倍	420元以上至525元部分	20	84
四倍	525元以上至630元部分	30	136.5
五倍	630元以上至735元部分	40	199.5
六倍	735元以上至840元部分	50	273
七倍	840元以上部分	60	357

C. 个人收入调节税第三档次税率表

适用地区	九、十类工资区		
地区计税基数	110元	税率 %	速算扣除数 （元）
超基数的倍数	全月应纳税收入额		
三倍	440元以上至550元部分	20	88
四倍	550元以上至660元部分	30	143
五倍	660元以上至770元部分	40	209
六倍	770元以上至880元部分	50	286
七倍	880元以上部分	60	374

D. 个人收入调节税第四档次税率表

适用地区	十一类工资区		
地区计税基数	115元	税率 %	速算扣除数 （元）
超基数的倍数	全月应纳税收入额		
三倍	460元以上至575元部分	20	92
四倍	575元以上至690元部分	30	149.5
五倍	690元以上至805元部分	40	218.5
六倍	805元以上至920元部分	50	299
七倍	920元以上部分	60	391

附录六　不均等指标测算分析中运用的 STATA 命令

一、以下命令可以通过输入 findit 命令得到

1. ainequal

计算基尼系数、广义熵指数、阿特金森指数等不平等指标

2. concindc

计算集中系数

3. pctile

求不同分位数的收入水平

二、以下命令在安装 DASP 软件包之后得到

（下载链接 https://ideas.repec.org/c/boc/bocode/s456872.html）

1. cdensity

作概率密度图

2. glcurve

作洛伦兹曲线图

3. dentropyg

分解广义熵指数

4. diginig

分解基尼系数

附录七 基于等价收入的个人所得税再分配效应模拟测算结果（统计收入口径）

税制模式		分类税制			半二元税制		
计税单位		个人		家庭	个人		家庭
计税期		月度	年度	年度	月度	年度	年度
均等化效应	GE_2	0.0411	0.0388	0.029	0.0442	0.042	0.0322
	GE_1	0.0194	0.0178	0.0127	0.0215	0.02	0.0149
	GE_0	0.0138	0.0122	0.0084	0.0157	0.0143	0.0105
	GE_{-1}	0.0152	0.0129	0.0085	0.0177	0.0159	0.0116
	基尼	0.0128	0.0113	0.0077	0.0147	0.0133	0.0096

税制模式		半综合税制			综合税制		
计税单位		个人		家庭	个人		家庭
计税期		月度	年度	年度	月度	年度	年度
均等化效应	GE_2	—	0.0384	0.0328	—	0.0395	0.0378
	GE_1	—	0.0184	0.0151	—	0.0186	0.0177
	GE_0	—	0.0132	0.0107	—	0.013	0.0125
	GE_{-1}	—	0.0147	0.0118	—	0.0141	0.0138
	基尼	—	0.0122	0.0098	—	0.0121	0.0116

税制模式		单一税制(10%)			单一税制(15%)		
计税单位		个人		家庭	个人		家庭
计税期		月度	年度	年度	月度	年度	年度
均等化效应	GE_2	0.0239	0.0242	0.0275	0.0357	0.036	0.0412
	GE_1	0.0133	0.0133	0.0165	0.0199	0.0199	0.0248
	GE_0	0.0108	0.0107	0.0142	0.0162	0.016	0.0214
	GE_{-1}	0.0131	0.0128	0.0179	0.0196	0.0191	0.0268
	基尼	0.0102	0.0101	0.0137	0.0155	0.0153	0.0209

税制模式		单一税制(20%)			单一税制(25%)		
计税单位		个人		家庭	个人		家庭
计税期		月度	年度	年度	月度	年度	年度
均等化效应	GE_2	0.0473	0.0477	0.0548	0.0587	0.0591	0.0683
	GE_1	0.0266	0.0265	0.0332	0.0332	0.0331	0.0416
	GE_0	0.0216	0.0213	0.0286	0.027	0.0266	0.0358
	GE_{-1}	0.0261	0.0255	0.0357	0.0326	0.0317	0.0445
	基尼	0.0209	0.0206	0.0284	0.0264	0.026	0.036

附录八 考虑地区生活成本差异的个人所得税再分配效应（统计收入等价收入口径）

税制模式		分类税制			半二元税制		
计税单位		个人		家庭	个人		家庭
计税期		月度	年度	年度	月度	年度	年度
均等化效应	GE_2	0.0423	0.0401	0.0301	0.0451	0.0431	0.0329
	GE_1	0.0195	0.018	0.0129	0.0214	0.02	0.0149
	GE_0	0.0137	0.0122	0.0084	0.0155	0.0141	0.0104
	GE_{-1}	0.0151	0.0128	0.0085	0.0175	0.0158	0.0115
	基尼	0.0126	0.0112	0.0077	0.0143	0.013	0.0094

税制模式		半综合税制			综合税制		
计税单位		个人		家庭	个人		家庭
计税期		月度	年度	年度	月度	年度	年度
均等化效应	GE_2	—	0.0392	0.0334	—	0.0406	0.0388
	GE_1	—	0.0183	0.0151	—	0.0187	0.0179
	GE_0	—	0.013	0.0105	—	0.013	0.0126
	GE_{-1}	—	0.0146	0.0117	—	0.0141	0.0138
	基尼	—	0.012	0.0096	—	0.012	0.0116

税制模式		单一税制(10%)			单一税制(15%)		
计税单位		个人		家庭	个人		家庭
计税期		月度	年度	年度	月度	年度	年度
均等化效应	GE_2	0.0242	0.0245	0.0278	0.0361	0.0365	0.0417
	GE_1	0.0132	0.0132	0.0165	0.0198	0.0198	0.0248
	GE_0	0.0106	0.0106	0.0142	0.016	0.0158	0.0214
	GE_{-1}	0.013	0.0127	0.0179	0.0194	0.019	0.0268
	基尼	0.01	0.01	0.0136	0.0152	0.0151	0.0208

税制模式		单一税制(20%)			单一税制(25%)		
计税单位		个人		家庭	个人		家庭
计税期		月度	年度	年度	月度	年度	年度
均等化效应	GE_2	0.0479	0.0483	0.0555	0.0594	0.0598	0.0692
	GE_1	0.0264	0.0264	0.0332	0.0329	0.0329	0.0416
	GE_0	0.0213	0.0211	0.0285	0.0266	0.0263	0.0358
	GE_{-1}	0.0258	0.0253	0.0357	0.0322	0.0315	0.0446
	基尼	0.0204	0.0202	0.0281	0.0258	0.0255	0.0357

附录九　居民收入增长对个人所得税再分配效应的影响（统计收入等价收入口径）

税制模式		分类税制			半二元税制		
计税单位		个人		家庭	个人		家庭
计税期		月度	年度	年度	月度	年度	年度
均等	GE_2	4.1471	4.1021	3.1293	4.0408	3.9931	2.9623
化效	GE_1	2.8115	2.8126	2.0369	2.9295	2.9286	2.1312
应百	GE_0	2.1088	2.0955	1.456	2.3407	2.343	1.7034
分化	GE_{-1}	1.8108	1.7254	1.1375	2.1014	2.0995	1.5335
变化	基尼	1.1217	1.1149	0.7674	1.2609	1.2515	0.899

税制模式		半综合税制			综合税制		
计税单位		个人		家庭	个人		家庭
计税期		月度	年度	年度	月度	年度	年度
均等	GE_2	—	3.7745	3.4164	—	3.2494	3.1108
化效	GE_1	—	2.7295	2.344	—	2.5749	2.4716
应百	GE_0	—	2.1815	1.8277	—	2.0887	2.0488
分化	GE_{-1}	—	1.9576	1.6264	—	1.8592	1.8727
变化	基尼	—	1.1638	0.9606	—	1.1211	1.0954

税制模式		单一税制(10%)			单一税制(15%)		
计税单位		个人		家庭	个人		家庭
计税期		月度	年度	年度	月度	年度	年度
均等	GE_2	0.8085	0.9734	0.5264	1.2343	1.4783	0.863
化效	GE_1	0.931	1.097	1.0366	1.4094	1.6567	1.5988
应百	GE_0	0.9702	1.1539	1.4059	1.4601	1.7349	2.1305
分化	GE_{-1}	1.0309	1.2497	1.7561	1.5403	1.8684	2.6289
变化	基尼	0.5422	0.6300	0.7632	0.8284	0.9604	1.1828

税制模式		单一税制(20%)			单一税制(25%)		
计税单位		个人		家庭	个人		家庭
计税期		月度	年度	年度	月度	年度	年度
均等	GE_2	1.6721	1.9927	1.247	2.1193	2.5136	1.6768
化效	GE_1	1.8949	2.2223	2.1897	2.3861	2.7922	2.8087
应百	GE_0	1.9521	2.3176	2.8689	2.4453	2.901	3.6201
分化	GE_{-1}	2.0447	2.4824	3.4973	2.5433	3.0911	4.3604
变化	基尼	1.1247	1.3010	1.6299	1.4314	1.652	2.106

注：表中数据为以百分比计算的个人所得税再分配效应在2012年相比2010年的变化情况，如以个人为计税单位按月计税的分类税制（即当年税制）下，基于基尼系数且以百分比计算的个人所得税再分配效应在2010年为2.6490%，2012年为3.7707%，因此2012年相比2010年的百分比变化为1.1217。

附录十　费用扣除指数化调整对个人所得税再分配效应的影响（统计收入等价收入口径）

税制模式		分类税制			半二元税制		
计税单位		个人		家庭	个人		家庭
计税期		月度	年度	年度	月度	年度	年度
均等	GE_2	1.8727	1.4886	1.3523	3.4777	2.8014	2.6357
化效	GE_1	1.0492	0.9709	0.7816	1.429	1.2759	1.0719
应百	GE_0	0.7342	0.694	0.521	0.9066	0.8424	0.6676
分化	GE_{-1}	1.4805	1.364	0.86	1.7668	1.7337	1.2516
变化	基尼	0.9315	0.9067	0.6067	1.0664	1.0383	0.7342
税制模式		半综合税制			综合税制		
计税单位		个人		家庭	个人		家庭
计税期		月度	年度	年度	月度	年度	年度
均等	GE_2	—	2.5478	2.4551	—	2.8077	3.1303
化效	GE_1	—	1.1197	0.991	—	1.1972	1.2427
应百	GE_0	—	0.7457	0.6295	—	0.7901	0.7974
分化	GE_{-1}	—	1.6143	1.3492	—	1.4569	1.4788
变化	基尼	—	0.9643	0.8008	—	0.8888	0.8842
税制模式		单一税制(10%)			单一税制(15%)		
计税单位		个人		家庭	个人		家庭
计税期		月度	年度	年度	月度	年度	年度
均等	GE_2	0.5739	0.6768	0.4737	0.8633	1.0117	0.7242
化效	GE_1	0.2795	0.3355	0.3078	0.4257	0.5084	0.475
应百	GE_0	0.2421	0.2883	0.3461	0.3655	0.435	0.5257
分化	GE_{-1}	0.6978	0.8395	1.2414	1.0414	1.2547	1.8572
变化	基尼	0.3821	0.4355	0.5729	0.5815	0.6619	0.8830
税制模式		单一税制(20%)			单一税制(25%)		
计税单位		个人		家庭	个人		家庭
计税期		月度	年度	年度	月度	年度	年度
均等	GE_2	1.1533	1.343	0.9825	1.4423	1.6693	1.2476
化效	GE_1	0.5759	0.6844	0.6511	0.7296	0.8632	0.8359
应百	GE_0	0.4904	0.5833	0.7094	0.6165	0.733	0.8972
分化	GE_{-1}	1.3808	1.6664	2.4691	1.7154	2.0741	3.0764
变化	基尼	0.7867	0.8939	1.2101	0.9976	1.1317	1.5551

注：表中数据为以百分比计算的个人所得税再分配效应在2012年相比2010年的变化情况，如以个人为计税单位按月计税的分类税制（即当年税制）下，基于基尼系数且以百分比计算的个人所得税再分配效应在2010年为2.6490%，2012年为3.5805%，因此2012年相比2010年的百分比变化为0.9315。

附录十一　样本地区城镇最低生活保障支出水平（2012年1月）

代码	地区	低保支出水平	代码	地区	低保支出水平	代码	地区	低保支出水平
	辽宁			上海和广东			四川	
210112	沈阳市	529.37	310101	上海市	386.43	510104	成都市	673.98
210122	辽中县	440.32	440103	广州市	1206.94	510181	都江堰市	1118.16
210202	大连市	890.04	440203	韶关市	482.34	510302	自贡市	424.01
210281	瓦房店市	943.3	440303	深圳市	357.49	510402	攀枝花市	461.22
210302	鞍山市	397.76	440402	珠海市	253.02	510502	泸州市	439.6
210381	海城市	483.98	440507	汕头市	530.75	510524	叙永县	426.81
210402	抚顺市	503.63	440604	佛山市	219.37	510703	绵阳市	288.91
210422	新宾满族自治县	479.24	440784	鹤山市	661.19	510802	广元市	405.85
210502	本溪市	701.05	440802	湛江市	415.93	511002	内江市	445.7
210602	丹东市	629	440881	廉江市	557.52	511102	乐山市	474.05
210682	凤城市	652.74	440923	电白县	72.02	511181	峨眉山市	446.64
210702	锦州市	464.37	441202	肇庆市	611.47	511302	南充市	184.28
210802	营口市	468.85	441302	惠州市	696.62	511502	宜宾市	362.97
210902	阜新市	521.71	441402	梅州市	575.45	511823	汉源县	470.64
211002	辽阳市	160.18	441481	兴宁市	585.66	511923	平昌县	151
211102	盘锦市	446.6	441882	连州市	611.11	513229	茂县	742.25
211202	铁岭市	489.24	441901	东莞市	177.38			
211302	朝阳市	490.08	445281	普宁市	154.71			
211322	建平县	461.13						
211381	北票市	523.8						
211402	葫芦岛市	276.58						
211421	绥中县	611.03						
平均值		525.64			480.53			469.75

资料来源：民政部网站，网址 http://files2.mca.gov.cn/cws/201202/2012022809103421.htm，数据获取时间2017年9月2日，某一地区城镇最低生活保障支出水平的计算方法为当地城镇最低生活保障累计支出除以城镇最低生活保障人数。

附录十二　劳动所得税收抵免(EITC)再分配效应的模拟测算结果(统计收入等价收入口径)

税制模式		分类税制		半二元税制	
EITC 制度		有 EITC	无 EITC	有 EITC	无 EITC
均等化效应	GE_2	0.0331	0.0301	0.0358	0.0329
	GE_1	0.0159	0.0129	0.0178	0.0149
	GE_0	0.0131	0.0084	0.015	0.0104
	GE_{-1}	0.0207	0.0085	0.0236	0.0115
	基尼	0.0104	0.0077	0.0122	0.0094
税制模式		半综合税制		综合税制	
EITC 制度		有 EITC	无 EITC	有 EITC	无 EITC
均等化效应	GE_2	0.0363	0.0334	0.0417	0.0388
	GE_1	0.018	0.0151	0.0208	0.0179
	GE_0	0.0152	0.0105	0.0172	0.0126
	GE_{-1}	0.0238	0.0117	0.0259	0.0139
	基尼	0.0123	0.0096	0.0143	0.0116
税制模式		单一税制(10%)		单一税制(15%)	
EITC 制度		有 EITC	无 EITC	有 EITC	无 EITC
均等化效应	GE_2	0.0308	0.0279	0.0446	0.0417
	GE_1	0.0194	0.0165	0.0278	0.0248
	GE_0	0.0188	0.0142	0.0259	0.0214
	GE_{-1}	0.0298	0.0179	0.0385	0.0268
	基尼	0.0164	0.0136	0.0235	0.0208
税制模式		单一税制(20%)		单一税制(25%)	
EITC 制度		有 EITC	无 EITC	有 EITC	无 EITC
均等化效应	GE_2	0.0584	0.0555	0.072	0.0692
	GE_1	0.0361	0.0332	0.0445	0.0417
	GE_0	0.0331	0.0286	0.0402	0.0358
	GE_{-1}	0.0472	0.0357	0.0558	0.0446
	基尼	0.0309	0.0281	0.0385	0.0357

后记

好的研究问题一般都有两个特征，一是有意义，影响广泛；二是有难度，不容易解决。中国个人所得税制改革问题就具有这两个特征，因此吸引了税收学界众多学者的关注。

笔者大约从 2006 年开始关注中国个人所得税制改革问题，并逐步将研究聚焦于个人所得税的再分配效应，随着研究的不断深化，笔者日益深切地感受到个人所得税改革问题不仅复杂，而且许多重要问题的研究结论和笔者最初的设想甚有差异。比如笔者曾认为累进税率对于个人所得税再分配功能的发挥必不可少，并且受制于过低的税收收入，我国个人所得税再分配效应微弱的局面难以改变。然而，笔者在深入研究后发现，在我国当前的居民收入结构下，通过适当的税制设计，完全有可能借助单一个人所得税制使我国个人所得税的再分配效应得到显著改善；同时，单一个人所得税也可以综合计征，与综合与分类相结合的个人所得税制改革目标并无矛盾，因而推行单一个人所得税制有可能成为我国走向综合与分类相结合的个人所得税制的一条现实可行的途径。

目前呈现给读者的这本书展现了这些研究结论。虽然书中一定还存在不少不足之处，但希望它有助于深化当前围绕个人所得税改革问题的讨论，特别是推动更多学者研究单一个人所得税制在我国实施的可行性。能为加快我国个人所得税制改革的进程贡献绵薄之力，是笔者的最大愿望。

本书写作中参考了国内外研究个人所得税问题的前辈和同行们的大量研究成果，复旦大学公共经济学系的硕士研究生张惠心和邢妍菁同学参与了本书部分内容的研究，同时安徽大学出版社的编辑李君女士为本书的早日出版付出了巨大的努力，笔者在此一并致以最诚挚的谢意。

最后，衷心感谢读者关注本书并不吝批评指正！

杜　莉

2017 年 12 月于复旦